[illegible]歳まだまだ不良

媚びず群れない

下重暁子

集英社文庫

はじめに

矜持《きょうじ》とは誇りとかプライドという意味である。しかし単なる誇りやプライドではなく、自分の中で秘《ひそ》かに芽を出し、水をやり少しずつ育ててきた確固たる信念のようなものだ。

その矜持は、他から管理されたり、邪魔されることを極端に嫌う。若い頃の私がそうだった。学校でのお仕着せである制服が自分に全く似合わないと思うと似合うように改造した。進学校である高校はオーソドックスな背広型の制服であったが、私の個性がそれによって摘まれ平凡にならされてしまうことが許せなかった。最初は白い衿《えり》のついたセーラー型にしたら呼び出されて注意され、確かにあまり違いすぎるので、上衣の丈を短くダブルにし、スカートの襞《ひだ》を多めにした。

遠くからは紺一色で目立たない。先生はそれ以上は何も言わなかった。

クラスに金髪の女性がいた。ビールで染めているとのこと、もちろん注意を受けたが、確信犯の彼女は卒業まで貫き通した。後に布花の芸術家としてニューヨークで個展を開いた。高校時代から何を使えば好みの色が出るかを試していたらしい。卒業後、仕事で名を知られるようになった女性は彼女と私の二人。高校時代から変わり種だった。先生は役目柄いちおう注意はしたが、生徒の自主性を重んじ排除しなかった。排除されれば学校に行けなくなり、ほんとうの不良になったかもしれない。当時の先生は個々の違いを重んじ、憲法十三条に保障された個人の尊厳を大切にした。大きく包容してもらえたことに感謝である。学校や社会から排除されるから居場所がなくなって、悪い不良の仲間入りをする。

私の言う不良とは、枠にはまらぬ自由な人間である。やむを得ず学校や組織の枠に入ったとしても、卒業すれば自分の人生である。ゆめ職業の顔などに染められず、自分自身の人生を自由に思う存分生きたい。

かつて『不良老年のすすめ』という本を上梓《じょうし》した私が、不良老年をいかに愉《たの》しんでいるか、どうすれば枠にはめられず自由に生きられるかのヒントをお話しする機会を今回得て、対話形式でお答えすることにした。

私はこれまで活字については、自分自身の手で書くことにこだわってきたが、独りよがりにならぬためにも信頼する女性ライターの藤原千尋《ふじわらちひろ》さんにお任せする形をとった。

できるだけ彼女の意見や一般常識を加味した質問のおかげで、私自身が気がついていなかった部分まで深く知らされたと思う。

やった甲斐《かい》があった。同時に非常にわかりやすい読み物になった。

私自身が最初から最後まであっという間に読み終えたからである。

蟬《せみ》にかわって秋の虫の声が高くなった仕事場にて

下重暁子

目次

第三章　不良老年は、「飛ぶ覚悟」を持っている

第四章　不良老年は、自分だけの「秘め事」を持っている　117

85歳まだまだ不良

媚びず群れない

第一章　不良老年は、自分に「汲めども尽きせぬ興味」を持つ

自分自身を知らなければ、いい死に方なんてできっこない

――世間では「孤独死」が話題です。せめて人並みに、安心して死にたい。そう思っている人が多いと思います。どうすれば安心して最期を迎えられますか？

多くの人は、何かにつけて「人がどう思うか」ってことを気にしますよね。「せめて人並みに」とか「世間ではこうだから」とか。ものを考えたり決めたりする基準が、「自分」じゃなくて「人」。外にばっかり目が向いてて、自分のことは見もしない。不思議よね。なぜ「自分がどう思うか」もわからないのに、「人がどう思うか」を考えるのか。どうして自分よりも先に、人のことを気にするのか。

まずは自分でしょ。

真っ先に関心を持つべきは、他人より自分。自分に興味を持つ方がよっぽど大事なんです。

私は自分自身にすごく興味があります。自分にしか興味がないと言ってもいいくらい。他人に全く関心がないとは言わないけれど、常に自分に目が向いているせいで、人についてあれこれ考えるヒマがない。

こういう人間になったのは、たぶん幼い頃の療養生活の影響です。

私は結核のせいで、小学二、三年のほぼ二年近くを家で寝ていました。学校に通ったり友達と遊ぶはずの時間を、天気による天井板の節目の変化を眺めたり、蜘蛛《くも》が美しい網を張る様子を観察したりして過ごしました。

そういう環境だったから、嫌でも自分と向き合わざるをえなかった。自分自身の妄想や想像の中で遊ぶしかなかった。だからおのずと自分が何を考えているのかに、興味を持つようになったんでしょうね。

でも、淋《さび》しいと思ったことなんて一度もありませんでしたよ。傍目《はため》にはかわいそうに見えたかもしれないけれど、まったく逆。たった一人、妄想をたくましくして過ごす時間のなんと楽しかったことか。

「そんなの楽しくない」「一人ぼっちなんて嫌」って思う人は、ひょっとして自分を嫌いなんじゃないかしら？　自分を愛してないんじゃないでしょうか？

自分を愛してないなら、向き合いたくなくなるのも当然よね。嫌なものと向き合うなんて誰だってしたくない。そっぽを向いていた方が楽ですもんね。

でも、自分とは一生付き合っていかなきゃならないのよ。生涯を共にするたった一人の人が「自分」なのよ。愛してやらないでどうするんです？

生きていけないでしょ？　人間生きていくには、自分で自分を愛してやらなきゃダメなんです。

だから、まずは自分を愛してやる。好きになってやる。そうすれば必ず自分を知りたいと思うようになる。孤独の時間というのは、自分で自分を愛してやる、自分で自分をわかってやるための、かけがえのない時間なんです。

自分を嫌いなまま、向き合わないまんま生きるなんて、こんな淋しいことってありますか？　自分で自分をわからないまま死んでいくなんて、いい死に方とはとても言えないと思うんですけどね。

自分に興味を持てば、おのずと他人も理解できる

——年をとるとできないことが多くなります。人の手を借りなければならないことも。自分にしか興味がないと、人とつながれないのではありませんか？

「人より自分に興味を持つ」と言うと、「そんな身勝手なことをしていたら、誰ともつながれないんじゃないか」って思うかもしれませんね。

でも、そんなことありません。

なぜかというと、自分をよくよく見定めると、人のこともよくわかるから。

たとえば、自分がどういう時に悲しいのかを知ると、「ああ、人はこういう時に悲しくなるんだな」と身をもってわかります。自分がどういうことで喜ぶかを知れば、人がどういうことに喜ぶかもわかります。

「私」に興味を持って「私」を掘り下げると、人のこともわかるようになる。つまり自分にとことん興味を持つと、おのずと人とつながっていくのですよ。

逆に自分を知らないままでは、人とつながることなんてできません。つながったような気になっていても、それはしょせんうわべだけ。

だって、自分のこともわかってないのに、他人のことなんてわかりようがない。わかってなければ、つながろうにもつながれないじゃないですか。

人の心を知りたいなら、自分を愛して、自分を知る。

自分を愛するとは、自分を知るとは、どういうことかを考える。

それが「人を愛する」ということにつながっていくんです。

たとえば、家族や連れ合いが病気になった。体が不自由になった。介護が必要になった。こういう時、真っ先に何を考えますか?

入院させるべきか。施設に入れるべきか。自宅で看《み》るべきか。医者はなんて言うか。普通はどうするのか。みんなどうしているのか……。誰もがまず、こんなことを考えるんじゃないかしら。

でも、一番大事なのは「私だったら」と考えることだと思うんです。

自分だったらどうしたいだろう。自分だったら何をしてほしいだろう。

こう考えると、相手がどうしたいか何をしてほしいか、見えてきません？

「私だったらどうか」を考えるのが、人を理解し愛する第一歩。そのためには、「私だったら」の「私」を知らなくちゃいけないわけです。

ただ、自分を知るって簡単じゃない。自分の嫌な部分を認めたくなくて、つい目を背けてしまうこともあると思います。

でも、「嫌な自分」も含めて自分なの。「ああ、こういう嫌な部分があるのか」と認めて受け入れてやらなきゃいけない。嫌いな部分を認めて愛してやって初めて、自分を愛しているということになるんです。

そもそも欠点のない人なんていません。自分で問題なしと判断したなら、無理に直す必要もありませんよ。何事も自分基準で考えればいい。人がとやかく言うことより、自分で自分をどう思っているかが大事なんです。

そういうのは自己愛みたいでよくないって言われるけど、大間違い。自分を知っている人ほど人を愛せるの。自分自身を知らないで、人なんか愛せませんよ。

猛烈な嫉妬を痛感した、あじさい寺での不思議な体験

――自分の欠点も認めるってなかなかできません。気が弱いとか嫉妬深いとか愚痴っぽいとか……嫌な部分をどう受け入れればいいのでしょう？

じつをいうと、私にもあるんです。「あまり認めたくない自分」を知ってしまった経験が。もう大昔の話ですよ。とある男性と、鎌倉《かまくら》のあじさい寺（明月院《めいげついん》）を訪れた時のことです。

二人で石段を登って花を堪能した後、男性が「先に下りてるから」と言って石段を下り始めたんです。で、私はそれを上から眺めていたのね。

その時、石段の両側に咲いているあじさいの花が、一斉にその男性の方に開いていく気がしたの。「そんなバカなことがあるか」って思うかもしれないけど、

私の目には確かにそう見えた。親しげに、寄り添うように、花たちがまるで旧知の仲みたいな顔を彼に向けてたんですよ。

かたや私には、花たちはそっぽを向いたまま。「あなたなんか知らない」って顔で。彼にはあれほど親しげに開くのに、私に向けられるのは拒絶反応のみ。

なぜあいつにだけ？　どうして私には冷たいの？

考えているうちに、ふっとひらめいたんです。

ああそうか。彼はここへ来るのが初めてじゃないな。前にも来たんだな。それも別の女と……。

もちろん、事実かどうかわかりませんよ。そんなこと確かめる気もないし、確かめる必要もない。そもそも私の空想なんだから、事実なんてどうでもいい。

だけど、どうしても引っかかる。すごく気になる。

なぜ、私にはそんなふうに見えたのか。これはいったいなんだろうか。

心の底をよーく見つめて出てきたのは、一種の「嫉妬」。

私はその男性に対して、多少の好意を抱いていたのね。恋人というほどではなかったけれど、それなりに異性として意識はしていた。

そういう相手が、どこかよそよそしいような、私の知らない秘密を隠し持っているかのような雰囲気を漂わせていたことに、当時の私はピンときてしまったんでしょうね。

花たちが私にだけよそよそしく見えたのは、心の奥に潜んでいた嫉妬のなせる業。そのことに気づいた時、納得したんです。腑《ふ》に落ちたんです。

「そうか、私は人に関心がない人間だと思ってたけど、そうでもない。人並みに嫉妬もするんだ」って。人間には嫉妬という感情があって、自分だけは違うなんて綺麗事《きれいごと》はありえない。そのことを嫌というほど突きつけられたわけです。

ただ、その時こうも思ったの。嫉妬するなんて、私も人間らしいところがあるじゃない。嫉妬するのも人間臭く生きている証拠。嫉妬もしない聖人君子なんかより、ずっとおもしろいじゃないのって。

心の奥底には、何があるかわからない。つつけば何が出てくるかわからない。だからいい。おもしろい。「私」の中には、汲《く》めども尽きせぬ「私」がある。そう思うと、自分を知るのも悪くないと思えてくるでしょ。

熱烈に人を愛すれば、がんじがらめの愛になる

——他人についてはどうでしょう？　恋人や夫婦も互いをよく知って、深く愛し合うことが大事ですよね？


自分を愛するぶんには、いくら愛しても構いません。どれほど愛したって何の問題もありません。でも、他人を愛するとなったら話は別。

なぜなら愛は束縛だから。愛するって、束縛することだから。

「相手を想《おも》っている」といえば聞こえはいいですよ。だけど、その想いが相手を縛ることもある。相手を想う気持ちが強ければ強いほど、窮屈で苦しい思いを強いることもある。

人を愛するっていうのは、本当は怖いことなのよね。

だから、私はあまり好きじゃないんです。「愛」っていう言葉。

本来「愛」というのは、キリスト教的な「無償の愛」のことだと思うんですけど、だとしたら、日本には本来の「愛」という概念がないかもしれません。少なくとも昔からの文献にはほぼ見当たらない。

「恋」はあるの。「惚《ほ》れる」というのもある。それに類した言葉ならたくさんあるんですけど、「愛」というのはないんですよね。

と言っても、明治以降に「愛」という言葉じたいは登場します。

最初に使ったのは、石川啄木《いしかわたくぼく》と高村光太郎《たかむらこうたろう》だと、日本近代文学館名誉館長の中《なか》村稔《むらみのる》さんが書かれています。啄木は妻の節子《せつこ》さんを、光太郎は智恵子《ちえこ》さんを、それは深く愛していたとされています。

でも、愛された方はどうだったかというと、ものすごくしんどかったんじゃないかと思うの。何しろがんじがらめで、そこから出ていけないんですから。

考えてみてください。節子さんがなぜ長く患うことになったのか。智恵子さんはどうして心の病に陥ったか。

男の愛が強すぎて縛られたままだったから。強すぎる愛によって、心の自由を奪われたからじゃないかしら。

これが、果たして「愛」と言えるのか。

少なくとも、キリスト教的な愛とは違うわよね。

男の側はそれで満足だったかもしれません。でも、女にとってこの強烈な愛は、重荷以外の何物でもないという気がするんですよ。

『智恵子抄』は純愛の典型みたいに言われます。でも、ほんとうにそうかしら。だって、深く愛され過ぎて、心の病になってしまうというのは、幸せでもなんでもないでしょう?

一説では、高村光太郎はものすごく欲望が強かったとも言われています。だとすれば、「生涯をかけて一人の女性を愛し抜いた」という美談は、裏を返せば一人の女性に執着し、縛り付けていた話と考えられなくもない。

人を愛するって、やっぱりむずかしいものだなと思わずにいられないんですよ。

夫婦関係は「柳に風」で、ノンシャランと

——死ぬまで連れ添うなら、一緒に旅行するとか趣味を楽しむとか、夫婦で共に行動した方がいいですよね？　夫婦っていうのはおしどり夫婦が一番だと思うのですが。

純愛とか夫婦愛とか、世間ではそういうのがもてはやされるわよね。手をつないだり、寄り添って歩くような仲良し夫婦が理想的。そう思っている人もたくさんいるんじゃないでしょうか。

でも、恋愛っていうのは世間に大っぴらにするものじゃありませんよ。だって、人様に大っぴらにしたとたん、おもしろくもなんともなくなるでしょう？

恋愛っていうのは、世阿弥《ぜあみ》じゃないけど「秘すれば花」。誰にも知られず二人きりでヒソヒソやってる時が、一番楽しいんですよ。

そういう意味でいうと、結婚っていうのはおもしろくもなんともないものの一つね。少なくとも私は、恋愛関係が大っぴらになって、「あの人とあの人はそういう関係なのね」って目で見られるのがすごく嫌だった。

この感覚はいまだにあります。私と連れ合いが夫婦で、そういう特別な関係にあると見られるのがものすごく恥ずかしい。社会的な義務として結婚のお知らせはしたけれど、できればずっと密《ひそ》やかな関係のままでいたかった。

夫婦なんて、これ見よがしに「結婚しました」って始めるより、「気づいたらなんとなく二人でいた」っていう関係で十分じゃありませんか。

結婚生活もやたらベタベタするより、あまりものも言わないような関係の方が私は好き。いちいち干渉し合わない水のような関係、つまり水臭い関係がいいと思っています。

夫婦とはいえ他人でしょ。他人の中に入り込むと必ず何かしら跳ね返ってきますからね。跳ね返ってくるのって、やっぱりしんどい。しんどい思いをしてたら長年一緒になんて暮らせないですよ。

だから跳ね返ってこないよう、人にはやたら入り込まない。つっかからない。

たとえ向こうがつっかかってきても、「柳に風」でノンシャランと流すに限るの。何も仲が悪い方がいいって言うんじゃありませんよ。私だって、連れ合いに冷たく接してるわけじゃない。一緒にご飯も食べますし、出かけることもあります。ただ、余計なことに関わっていると自分のすべき仕事ができなくなる。大事な時間が奪われる。そういう不愉快なことはなるべく避けて生きていたい。

そのためには修羅場は避ける。修羅場になりそうになったら、逃げるが勝ちだってことなんです。

自分で自分に興味を持って生きていると、自分のことをいちいち人に言わなくなります。人のこともあれこれ気にならなくなります。

相手から話されれば聞くけれど、そうでなければあえて聞かない。自分の身の上も聞いてほしいと思わない。自分で自分がわかっていれば、余計なことは聞きたくないし聞かれたくもない。そういう気持ちになってくるもんです。

不倫するのは人の性《さが》、道徳で縛れるわけがない

——最近は不倫する男女が増えています。高齢になって不倫する人も少なくありません。いい年して不倫って、恥ずかしくありませんか？

「恋愛は秘すれば花」って言ったけど、そういう意味でいうと、もっとも燃え上がるのが不倫ってことになるでしょうね。

何しろ秘め事の最たるものですから、不倫っていうのは。燃え上がらないわけがないでしょ？

「不倫を擁護するのか」ってお怒りになる人もいそうだけど、実際にそうだもの。その証拠に昔からいっぱいあるじゃない、不倫や心中の話。近松門左衛門《ちかまつもんざえもん》の『曽《そ》根崎心中《ねざきしんじゅう》』とか井原西鶴《いはらさいかく》の『好色五人女』とか。

つまり秘め事の恋愛っていうのは、歴史に残るくらいおもしろいもの、人を夢中にさせるものだってことなんですよ。

当時は今と違って、不倫がバレたら極刑です。人に知られたら罰が下る、まさに命がけの行為だったわけよね。

それでも人は人に恋をする。女房がいようと亭主がいようと、好きになる気持ちは起きてしまう。止めようがない。しかも厄介なことに、人に知られてはいけないと思えば思うほど熱があがる。

人間って、「障害がある」「危険がある」と思うほど、燃え上がってしまう生き物なのですよ。

だから不倫はなくならない。時代が変わろうがなんだろうが、人が人である限り、なくなりようがないわけです。

でも、それでいいと思いません？　不倫だろうとなんだろうと、人の気持ちは道徳だの常識だので縛れるものじゃないんですから。

善悪を踏まえろというなら、「許されない恋をしてしまった」という気持ちに忠実に生きる方が、人としてよほど正しいんじゃないかしら。

だいたい、世間も騒ぎすぎなんですよ。マスコミでよく不倫騒動なんて聞きますけど、不倫なんか騒動でもなんでもありませんよ。人間たった一人の人をずっと好きでいられるわけがないんですから。もっと自由に考えたらいいじゃありませんか。うまくいかなければ別れりゃいい。戻りたいと思ったら戻ればいい。人間の気持ちなんてコロコロ変わる。明日はどうなるかわからない。道徳に縛られて生きるより、そのくらい自由な気持ちで生きていたいじゃありませんか。

フランス人を見てごらんなさいな。大統領だってなんだって、平気で不倫するじゃない。ミッテラン大統領なんて、妻がいながら若い女に恋をして、しかも彼女に送った書簡集がベストセラーになって。

人目を気にせず自分の気持ちに忠実に。そういう生き方を認められる。不倫だ何だと縛られて生きるより、素敵じゃありませんか。

セックスに意味を持たせすぎるのはしんどいだけ

――性に翻弄される高齢者は少なくありません。恋をするのは素敵だけど、セックスに溺れるのはどうなのでしょう？　男女の性をどういうスタンスでお考えですか？


女として認められたい。男として受け入れてもらいたい。そんな理由から不倫に走るっていう人、世間にはよくいるんですってね。

そういう気持ち、はっきり言って、私にはあまりよくわかりません。

なぜそんなふうにセックスに意味を求めるのかしら？　私はどちらかというと、セックスに変に意味を持たせすぎるのはあまり好きじゃありません。

だって、意味を持たせたり相手に特別な感情を持ったりしたら、しんどいじゃない。そこに縛られちゃうときついじゃないの。

だからって、行きずりの人とその場限りの関係を重ねるなんてのは嫌ですよ。それなりに相手は選びます。好意もない男とするなんて、そんなの時間の無駄以外の何物でもありませんからね。

だけど、お互いに好きとか愛してるとか、そういう特別な思慕があまりなくたって私はいい。実際に初めてセックスした人も、好きでも嫌いでもない人でした。ちょっとした知り合いで、たまたま一緒に旅行する機会があって、なりゆきでそうなったという感じ。でも、その人とはそれきり。嫌いになったわけではなかったけれど、なんとなく疎遠になって終わってしまった。

男女の関係っていうのは、そのくらいさりげなく、水のように流れてある日終わっちゃったっていうのが、私はちょうどいいと思う。その方が自分を見失わず、面倒臭い思いもしなくて済むでしょ。

快楽だけを追っかけるような、精神性のないセックスがいいって言いたいんじゃありませんよ。ただ、ネチネチドロドロした関係に自分を乗っ取られちゃうのはまずいと思うの。

自分の心は自分だけのもの。誰と付き合おうと自分のペースは崩さない。それを頭においておく必要があるわね、恋愛もセックスも。

相思相愛なんて、気持ち悪い

——長年一緒にいる夫婦というのは、相性がいいのでしょうね。お互いが空気みたいな存在の相思相愛な夫婦って、やっぱりうらやましいです。

私ね、もう四十八年も一緒にいるのよ、連れ合いと。信じられない。こんなに長く一緒に暮らすことになるなんて。ベタベタ干渉し合わない、水みたいな関係だったから続いたのかしら。

だからって相思相愛なんて言われるのは、正直気持ち悪い。

何も連れ合いが嫌いなわけじゃないわよ。何しろうちでは料理が趣味の連れ合いが食事は作ってくれますから。ありがたくはあるけど、好きなことをやってるわけだから余分に感謝はしません。得意な方がやればいいでしょ。

まあ、性格的には合ってます。自分と暮らす男として悪くないなとは思う。ただ、夫として特別な存在かって言われると、そういうことはありません。一緒に暮らすようになったのも、「なんとなく」なんですから。

　仲のいい飲み友達だったのが、「外で飲むのも面倒だしお金かかるから」ってうちで飲むようになって、そのまま今に至るという間柄。夫婦にはなったけれど、その関係性は今も全く変わっていませんね。

　そもそも、私には主人だの夫だのっていう考えがないんです。たまたま一緒に暮らしてて、同じ家に帰ってくる人。だから彼がいくら給料をもらっているか、どういう使い方をしているか、聞いたこともありません。

　自分のものは自分で買う。家とか車とか共有のものは半々です。今に至るも独立採算制。夫だから、妻だからこれをやるという義務は一切なし。そういう役割分担みたいなの、私は嫌なんです。

　お互いに働いているんだから、お金や時間をどう使おうと、相手にいちいち断りを入れなくてもいいじゃないですか。迷惑さえかけなければ。

　ただし、相手が病気になったとかケガをしたとか、そういう場合は別よ。普通の状態ではないわけだから、当然サポートします。できるだけ看病もします。夫婦だからとか愛しているからとかそういう問題じゃない。共同生活者としてやるべきことはやる。それは当然の務めだと思っています。

もっとも、元気になったら元に戻しますけどね。世話を焼いてもらうのが当たり前という癖をつけちゃうとまずいから。夫婦だからって、依存したり深入りするような関係になるのは避けるに限るんですよ。

こういう私を見て、「なんであなた結婚したの？　結婚する必要あるの？」なんて言う友人もいます。そう言われりゃそう。一人の方が自由でいいなって、私自身思うこともあります。

だけど一方で、私みたいなわがままに育ってきてしまった人間は誰かといた方がいいという気もするの。一人きりで野放図に生きるより、多少なりとも気遣う相手がいた方が身勝手になりすぎずに済む。

人に嫌な思いはさせない。失礼なことはしない。誰かと暮らす最低限の礼儀は、今でもしっかり守っているつもりです。

二人暮らしでも、自立できているかが大事

――夫婦でうまくやっていくには、寄りかかりすぎないのも大事ですよね。どんな心構えでいれば、いい関係性が続くのでしょう？

孤独を愉《たの》しむことを知っていれば、人生をより愉しく生きて、悔いのない死に方ができる。私はそう考えてますけど、そのためには「自立できているかどうか」が大事よね。

自立というのは、一人暮らしをするってことじゃありませんよ。誰かと暮らしていても自立できるかどうか。夫や親や子に依存せず、自分の足で立てるかどうか。それが「自立が試される」ということだと思うの。

たとえば、一人で暮らしていたら自立するのは当たり前ですよね。自分で稼いでなんとかしていくしかない。自立せざるをえない。

これと同じことを二人暮らしでもできるか。精神的にも経済的にも自立して、一人暮らしのように生きられるか。これができているかどうかが大事だと思うんです。

前にも言いましたけど、うちは独立採算制です。自分のものは自分で買い、共同の出費は半分ずつ。料理は向こうがしますから買い物は任せて、その他もろもろは私が払う。どんぶり勘定ですが、それで十分だと思ってます。

家事にしてもそう。連れ合いが料理したら私が片付けをやる。でも、忙しい時はやらない。きっちり分担を決めず、やれる方がやれることをやる、ヒマな方がヒマな時にやる。このやり方で、互いに不満もなくやってきました。

なぜ不満もなくやってこられたのかというと、お互い相手に期待していないから。

期待したら、文句が出るに決まってます。自分はこれだけやってるのに相手はやってくれない。このくらいやってくれてもいいんじゃないか。そういう思いがあるうちは、不満も出るし腹も立つ。

だから相手には期待しない。やってくれなくて当然と考える。

それをしっかり踏まえておかないと、自立なんてできません。

そもそも期待して腹を立てるなんてエネルギーの損失でしょ？　人に期待して余計なエネルギーを使うくらいなら、自分に期待して自分にエネルギーを与えてあげた方がいい。自分を愛して期待してやる方がよっぽど愉しいじゃないの。

ただ、期待はしてなくても、信頼はしてますよ。

たとえば私が死んだ後のことはすべて連れ合いに任せてあります。私がどうしてほしいか、何をされたくないか、私の価値観をよくわかってますから、私のしたかったように後始末をしてくれるはずです。

もちろん、連れ合いが先になった場合は私がきちんとやります。連れ合いとして果たすべき義務は果たします。お互い「この人ならおかしなことはしない」という安心感はあると思っています。

夫婦が自立していると、こういう信頼関係が生まれやすくなるんじゃないでしょうか。少なくとも私は相思相愛なんかより、こういう関係性の方が大事だと思いますけどね。

連れ合いを「一人の人間」として見ていますか？

――結局、夫婦は他人と割り切って、やたらと関わらない方がいいのでしょうか？　共に暮らす相手に無関心でいるのも淋しい気がします。

「夫婦なんて水臭いくらいの関係でいい」って言いましたけど、だからって相手にまるで関心がないわけじゃありませんよ。

それなりに相手のことは見ます。というか、一番そばにいるわけだから、外側も内側もちゃんと見ています。見ないでどうする、って思います。

だって、一緒にいて不愉快な人とはいたくないでしょう？

できるだけ身綺麗にしててほしいし、魅力的であってほしい。「こんな素敵なところがあったのか！」っていう発見があればなおいいじゃありませんか。

たとえば、連れ合いは年齢のわりには上背があって、洋服がよく似合います。惚気《のろけ》じゃないのよ。客観的に見て本当に似合う。洋服がきちんと似合うって、じつは珍しいのよ。

別にそれを自慢する気はありませんよ。でも、似合う方が見ていて楽しいじゃない？「かっこいいですね」って褒められれば悪い気はしない。少なくとも人から「ダサい」と言われるよりは気分いいでしょ？

ちなみに、連れ合いは家でだらしなく過ごすのが嫌いです。家でご飯を食べる時もちゃんとした格好をしていないと怒ります。

スウェットやジャージなんか絶対にダメ。そういう生活感覚の持ち主なんでしょうね。それはもう、うるさいですよ。

でも、私自身それを嫌だと思ったことはありません。むしろ気に入っています。好ましいことだと思います。たぶん合っているんでしょうね、そういう感覚が。

こういうの、結構大事だと思います。美的感覚。物事に対する感性。これが合わないと一緒に暮らすのがしんどくなる。些細《ささい》なことに思えるけど、夫婦間の美的感覚や感性が合うのは幸せなことじゃないかしら。

感覚や感性というのは、お互いの働きかけや影響で出てくることもあります。たとえば、連れ合いはオペラなんてまったく見たこともなかったけれど、一度連れて行ったら夢中になって、今では私より詳しくなっちゃった。男は凝り性だから、女よりも勉強するのよね。

おまけに、オペラだけじゃなくお茶やお花にも興味を持ち始めて、今じゃ我が家のお花は全部彼が活《い》ける。我流だけど、これが意外とセンスがいいの。お茶も鎌倉まで月一回習いに行っています。

「へぇ、こんな才能があったんだ」って少し驚いたけど、そういう思わぬ発見があるっておもしろいよね、めっけもんだって思いますよね。

長年一緒にいても、案外わかっていないことって多いんです。身近にいるから知った気になっているけれど、身近だからこそわかっていないこともたくさんある。だから一度、よく見てみるといいと思います。お互いの連れ合いを。

自分の妻や夫として見ちゃダメよ。一人の男として、一人の女として、一人の人間として見る。客観的に見るんです。

そうやって見ると、相手のことがよくわかると思いますよ。

第二章　不良老年は、「世間の枠」にはまらない

「役割」から、自由になれ

――年をとると、人はどうしても頑固になり、固定観念に縛られがちになります。どうすればおおらかに、自分らしく年を重ねられるのでしょう?

私が子どもについて発言すると、「子どももいないのによく言うわね」みたいに言う人がいます。

子どものいない人に子どもの何がわかる。わかりもしないものについて無責任に発言するな。そういう考え方の人が少なくないのかしらね。

でも、そんなことないの。子どもがいないから子どものことがわかっていないなんてこと、絶対にない。そこはね、想像力なんです。

たとえば、私は子どもについて考えたり発言したりする時、「自分が子どもだった時はどうだったか」「親から何かをされてどう感じたか」を考えます。

そんなにむずかしいことじゃありません。だって、私も昔は子どもだったんだもの。自分が子どもだった頃を振り返れば、子どもの気持ちはよくわかる。親という立場に縛られていないぶん、客観的にわかると言ってもいいと思います。

何しろ親は親という役割で子どもに対しますからね。親という役割からものを言う。「役割があるから言わなきゃいけない」となってしまう。

そうなると、個人としてではなく、管理的な立場でしかものを言えなくなる。管理するものとしてしか子どもを見られなくなる。

そんな窮屈な見方で、「子どものことがわかる」なんて言えますか?

私は年齢こそ八十代ですけど、今でも心は子どものようなものだと思っています。幼い頃からの感受性は何も変わっていない。だからいつでも子どもの頃の自分に返れる。そういう意味では、子どもについていくらだって語れます。

親という役割を背負っていないぶん、むしろ私のような子のない人間の方が、子どもを理解し仲良くなれるかもしれないでしょう?

子どもと遊ぶのは全然苦手じゃありません。むしろ仲良くやれる方だと思います。

でも、「おばさん」なんて絶対呼ばせません。「暁子ちゃん」って呼ばせています。だって「おばさん」という呼び方だと、叔母《おば》と甥《おい》・姪《めい》という役割になっちゃう。対個人で付き合うには、決められた役割なんかで呼び合わない方がいいんです。

世の中には、「親子はこうあるべき」とか「これはいいけどあれはダメ」とか、常識という名の決まり事がうんざりするほど多いわよね。

この際そんなものは取っ払って、何にも縛られない自由な個人に戻ってみたらいいんです。役割なんか忘れて、自由奔放に、「自分はこうしたいんだ」ってことを好きなだけやってみるといいの。

そもそも世の中の決まり事なんてものは、社会をうまく回すためにあるにすぎません。そんなものに縛られて死んでいくなんてバカらしいことこの上ない。

自分らしい人生を愉《たの》しむには、役割を捨てて個人に戻るの。そのためには、「常識破りの不良」になりなさいってことなんです。

なぜ日本人は綺麗《きれい》に年を重ねられないのか

――しわくちゃの年寄りになるかと思うと落ち込みます。最近はアンチエイジングなど若作りに励む人も増えていますが、綺麗に年をとるにはお金や手間をかけるべきですか？

前にも言いましたけど、日本人は「世間並みに」とか「人と同じように」とかって考えすぎね。

七十だから、八十だから、もうこんな年だから、こうしなければならない、こうあらねばならない。そうやって自分自身を年寄り扱いしちゃってる人、すごく多いんじゃないかしら。

自分を年寄りだと思ったら、そりゃ年寄り臭くなります。自分がそう思ったらそうなるに決まってる。醜く老け込んでしまうのは、外部が決める物理的な年齢にとらわれて、自分で自分を年寄りにしてしまっているからなんですよ。

私は八十六になりましたけど、自分が年老いたとは思ってません。肉体的に衰えていくのはわかります。だからって「もう年だ」なんて思ったこともないし、世間が決める「年寄り」の枠に入るつもりもありません。

「世間の枠に収まった方が安心する」っていう人が多いかもしれないけど、そんなの一番つまらない生き方。自分のない生き方なんて、おもしろくもなんともない。そんなの、物理的な老いを加速させるだけです。

そもそも七十代や八十代が年寄りだって、誰が決めたんですか。誰が決めたのかもわからない基準で年を考えることじたい、間違ってるのよ。

だからって、若作りするのがいいとは言いません。必死に努力して若作りしてみせようとする人もいますけど、それもおかしな話ね。

だって、長く生きていれば肉体的若さがなくなるのは当たり前でしょ。それを受け入れられないというのは不自然です。若さを追い求めるのは、今の自分に自信がないことの裏返しなんじゃないかしら。

そりゃ、私だって鏡を見て思うこともありますよ。「ああ、このへんずいぶんシワが増えちゃったなあ」って。だけど、そんなの気にしてみたってしょうがない。時間の無駄だから。

ただ、若作りしたくなる気持ちもわからなくはないわね。

日本人って、綺麗に年を重ねている人が見当たりませんからね。街中を見回しても、みな似たような格好の年寄りばかり。こういうのを見ていると、年をとりたくない、若作りしたいって思ってしまうのも仕方ないような気もします。

欧米の女優さんなんかは、やっぱり素敵ですよ。シャーロット・ランプリングにしても亡くなったジャンヌ・モローにしても、すごくかっこいい。

老いることの美しさって言うんでしょうか。若作りなんてしなくても、年をとった姿そのものが美しい。人に流されない、自分を見失わない毅然《きぜん》とした生き方がまさに滲《にじ》み出ている。お手本にしたい年の重ね方よね。

年をとると体は不自由になります。できないことも増えてきます。でも、心の方はそうじゃない。気にすることも少なくなって、自由にのびのびと生きられるはずです。人生も終盤なんです。世間に足並みを揃《そろ》えるのなんかやめにして、自分の好きなように、好き勝手に生きればいいのですよ。

八十にして「物書きで食う」が叶《かな》ったわけ

――思い通りの人生を叶えている人は少数です。先生のように華々しく、潑剌《はつらつ》と好きなことをして生きられる人がうらやましいです。

私は大学を卒業後アナウンサーという職業に就きましたけど、本当は物書きになりたいと思っていたの。

でも、当時は出版社も新聞社も女は一切採ってくれません。大学を出たら自分の食い扶持《ぶち》は自分で稼がなきゃいけませんでしたから、やむなく放送局に入社したんです。

私を裕福な家のお嬢様だと思っている人もいるみたいですけど、そんなのとんでもない。お嬢様どころか、親のスネもかじれない状態だったんですから。

何しろ父は軍人です。戦後は「落ちた偶像」で、公職追放になり民間の仕事をしようとしましたけど、結局は武士の商法で何をやってもうまくいかずじまい。

ほんとうは画家志望で絵の才能があったから、「あぶな絵」と呼ばれる春画なんかを描いたり、泰西名画の模写をしていましたが、正直暮らしはたいへんでした。

その後軍人恩給が復活し、父が亡くなった後、母は遺族年金をもらっていましたが、それもスズメの涙ほど。私が働いて援助しなければ暮らせないような経済状態だったんです。

幸いなことに、放送局を辞めてフリーになった後も、途切れず仕事をすることはできました。念願だった執筆の仕事も来るようになりました。

でも、依頼される大部分は人前で話す講演などの仕事。生計を維持するために意に染まない仕事も引き受けなければならない状況が、かなり長いこと続きました。

でも、そういう状況でも、私は物書きになるという思いを諦めませんでした。いつか必ず物書き一本で、作家として食べていけるようになってやる。自分にはそれだけのものがあるはずだって、自分を強く信じ続けたの。

だって、自分が諦めたら花開くわけない。なんの保証もないからって諦めたら、自分があまりにもかわいそうじゃありませんか。

それが叶ったのは八十直前です。百冊近く本を出しましたけど、思えば多くは綺麗事。作家として自分をさらけ出すというのとは程遠い。これで物書きを名乗るのはおこがましいと思っていました。

転機になったのは『家族という病』（二〇一五年、幻冬舎新書）を書いたこと。裸になって、自らを晒《さら》す覚悟で書いたものがベストセラーとなってようやく、私は物書きだけで食べていけるようになったわけです。

振り返れば、本当に長かった、時間がかかりました。だって、八十ですよ、八十直前。でも諦めずに続ければ、叶うのよ。

不思議なもので、人間「こうなりたい」って思い続けると、おのずとそっちに向かっていくんです。少しずつだけれど、確実になりたい方に近づいていく。長い時間がかかってもいつか必ずたどり着くものなんです。

だから、やりたいことがあるなら「もうここまでだ」なんて思っちゃダメ。自分でダメだと決めちゃったら、伸びるものも伸びないんですから。

「おめでたい才能」を鍛えなさい

――夢ややりたいことを叶えるには、やっぱり根気がいるんですね。あるいは不屈の根性？　誰にでもできることじゃないような気がするのですが。

やりたいことを叶えるのに何が大事かって、一番は「自分はできるんだ」と思うこと。才能があるかどうかじゃありません。「そうなってみせる」と思えるかどうかってことなんです。

実際、私が物書きで食べることが叶ったのも才能があったからじゃありません。「自己表現の手段としてできるはずだ」って思えたからです。

何の根拠もないのに思い込めるって、ある意味おめでたいわよね。でも、それが大事なの。馬鹿みたいにそう思える「おめでたさ」を持つ才能。人間にはおめでたい才能ってあるんですよ。

おめでたい才能は、誰にだってあります。自分自身をそういうふうに、おめでたい方向に持っていけばいいだけだから。むずかしくもなんともないでしょ？　それなのに、みんな捨てちゃってるの。せっかくのおめでたい才能を。途中で嫌になったり落ち込んだりして、「もう努力するのはしんどい」「どうせ自分はこの程度だ」って諦めちゃう。

そんなこと考えないでおめでたく思っていればいいものを、こんなもったいないことってありますか。諦めるなんてバカなことはやめて、「自分はきっとできる」っておめでたくなればいいの。自分に期待すればいいんですよ。

おめでたくなれない人は、たぶん自分じゃなく人に期待しているのよ。「誰それがこうしてくれないから」とか「環境がこうだから」とか。

言っておきますけど、人になんか期待しちゃダメですよ。人に期待したら文句と愚痴しか出てきません。人は人。自分とは別なんだから、思うように動かなくて当たり前なんです。

やりたいことがあるなら、おめでたい才能を伸ばしてやるの。そのためには「きっとできる」って自分に期待をかけ続けてやることが大事なんです。

ガンガンやるより、「待つ姿勢」

――積極的にガンガンやるのが、夢にたどり着く近道ですよね。それとも、ストイックにひたすらコツコツ努力するのが大事ですか？

私はどちらかというと、コツコツやるタイプじゃありません。努力型というよりは閃《ひらめ》き型。地道に努力して結果を得るというよりは、直感で勝負に出る方が得意かもしれないわね。

ただ、直感で勝負するにしても努力はします。コツコツやらないわけじゃありません。そもそもコツコツ努力しなければ直感も働かないし閃きもやってこない。それなりの努力は当然やってます。

でも、自分に無理を強いるようなストイックな努力はしません。疲れたらすぐに休みますし、時々遊んでサボります。

で、そうしながらもまた、「きっといつか自分はできるに違いない」って努力を再開するの。そんなことの積み重ねが、自分の思う方向に連れて行ってくれるんです。

努力するっていうと、みんながむしゃらにやろうとしますけど、時には立ち止まったり休んだり、楽しみながらやらないとダメ。楽しんでやらないと続きませんからね。

そりゃ楽しいことばっかりってわけにはいかないわよ。不本意だったりつまらなかったり、そういうこともたくさんあるかもしれませんよ。

でも、そういう中でも進んで楽しみを見つけるの。受け身でいたって、向こうから素晴らしいものが飛んでくるなんてことはないわけですから。

正直アナウンサーという職業はあまり好きじゃありませんでした。

でも、これが今の自分の生きる場所だと思ったから、精一杯がんばって、楽しんで働くようにしていました。

で、その間ずっと、「いつか物書きになるんだ」っておめでたく信じ続けたの。私はしつこいから、ちょっとやそっとじゃ諦めないのよね。

こういうの、私は「待つ姿勢」って呼んでいます。チャンスがやってくるまで諦めない。「待つ姿勢」が大事なんです。

このことを学べたのは、幼い頃病に臥《ふ》せっていた私の唯一の友達だった、蜘蛛《くも》のおかげね。

蜘蛛は美しい網を張って見せてくれるでしょ。網にかかる獲物を待っている、ひたすら待っているだけ。で、かかったら一気に飛びかかる。それを見て私は「待つ姿勢」というものを学んだのよね。

何かやりたいことがあると、みんなあれこれ動こうとしますよね。積極的に動いて何かしらつかもうとする。

もちろんそれも必要なんですけど、それよりも獲物が引っかかるのを待って、引っかかったら即座に飛びかかる、絶対に離さないっていう、そのくらいのものを自分の中に溜《た》め込んでおく方が大事だと思うんです。

何事も焦ったら負け。やりたいことを叶えたければ、「じっと待つ」勇気も必要なんです。

安心感なんて、おもしろくない

——人生半分も過ぎると、無謀なことはしたくなくなります。危険を避けて安全志向になります。年をとるって、そういうことですよね？

私は旅が大好きで、旅行作家協会の会長でもあるんですけど、旅の宣伝文句で一番嫌いなのが「安心できる旅」。

私だったら、そんなもの絶対に行きません。ガイドさんがついて全部お膳立てしてくれる安心の旅なんて、全然楽しくないから。

だって旅をするのは、非日常の世界に行ってみたいからでしょう？　何が起きるかわからない未知を体験するためでしょう？

見知らぬものを見て、見知らぬ地を歩いて、予測不能な出会いにワクワクときめくのが旅の魅力なの。

何も安心するために旅に出たいわけじゃないもの。安心したいんだったらうちにいて、普段通りの生活をしていればいい。どこにも行く必要なんてない。旅っていうのは、安心安全とはまったく逆の、冒険や危険の香りがするものなんですよ。

だから、安全のためにリュックを背負って両手を空けるようにするとか、万が一のためにたくさんの荷物を詰め込んだキャリーバッグをガラガラ引っ張って歩くとか、そういうのはどうかしら。

キャリーバッグなんて、はた迷惑この上ない場合があって、私は若い人にぶつかられてホームに倒れて顔にケガをしました。混み合った場所で引っ張って歩いていたら危なくてしょうがない。冒険や危険と言っても、人を危ない目に遭わせてもいいということじゃないんですから。

私は旅に出る時は、できるだけ軽装を心がけます。外国に行く時は仕方なくキャリーバッグを使いますけど、楽だからという理由でちょっとばかりの荷物を入れて常に使う人の気が知れない。

旅っていうと、お決まりのようにリュックを背負う人も多いけれど、私は絶対に使いません。荷物が多くてもボストンのようなバッグを手に持って歩きます。リュックって、素敵に使わないとダサく見えるから。

みんな何気なくリュックを背負っているけど、リュックって素敵に使いこなすのが本当はむずかしいのよ。

体の一部になるように使わないと、所帯染みて野暮ったく見える。若い人ならまだ可愛《かわい》いで許されるけど、年のいった人の場合よほどセンスがいい人でない限り、本当にみっともなく見えますよ。

年をとると、おしゃれだのセンスがいいだのより、安全が第一って考える人が多くなります。おしゃれを優先したせいでケガなんかしたらどうする。そう思う人が多いってことなんでしょうね。

でも、そもそもおしゃれってのは安心安全とは程遠いものです。魅力的に自分を見せるっていうのは、それなりの危険や冒険を伴うもの。人を魅了するものには、必ずどこかに危ういものが含まれているものなんですよ。

旅やおしゃれだけじゃなく、恋愛だってそうよね。

安心しちゃうと、あれほど素敵だった恋愛関係がどこかに行っちゃう。結婚して安心したとたん、二人の関係がまったく変わっちゃったっていう話も山ほどあるじゃない。恋愛もね、素敵な関係のままでいたいなら安心しちゃいけないのよ。たとえば、『死の棘《とげ》』を書いた島尾敏雄《しまおとしお》さんと妻のミホさんなんて、凄《すさ》まじいじゃないですか。ミホさんの嫉妬たるやものすごくて。

あの二人は結婚しても安心なんかしなかったのよね。常に愛情とは何か、相手を愛するとはどういうことかを考えながら生きていた。だからああいう凄まじいことになっちゃった。嫉妬にさいなまれることになっちゃった。

いいか悪いかはわかりませんよ。でも、結婚生活に安住しなかったからこそ、ハラハラドキドキさせられる物語だからこそ、みんな心を惹《ひ》かれて、本になれば読みたくもなるわけでしょう？　私には真似《まね》ができませんが一方でうらやましさもあります。

何事もおもしろいもの、心ときめきざわつかせるものには、危険がつきものなの。

そういうものをはからずも追い求めてしまうのが、「不良」というものなのです。

「目障りなやつ」で、いいじゃない

――何人かでいると、どうしても人に気を使ってしまいます。マイペースでいきたいけれど、人に合わせないわけにもいかず……こういう時、どうすればいいですか？


アナウンサーだった頃、私はできるだけ一人でいました。

他の人たちはよくつるんでお茶を飲みに行ったりしてましたけど、私は空いたスタジオで本を読んだりものを書いたりしていました。人と話すのが面倒臭いって思っていたのよね。

そういう感じでいると、最初のうちはあれこれ言われます。

付き合いが悪いとか、なんで一人だけ気取っているのかとか。ずいぶんいろんなことを言われました。

みんなに足並み揃えないのが目障りなんでしょうね、そういう人たちにとっては。自分の判断で何かしたりものを言ったりするのが、なんとなく癪《しゃく》にさわるのかもしれないわね。

でも、不思議なものでね、そのままでいるとだんだん誰も何も言わなくなるの。「ほほう、この人はなんか人と違うな」「違う考えを持っているなら聞いてみようか」ってこっちを認め始める。

で、そのうちに一目《いちもく》置かれ始めて、生きやすくなってくるんです。「あの人はああいう人だから」って、余計なことも言われなくなるの。

だから、いやいや人に合わせるなんてしない方がいいです。慌てて合わせたりしちゃダメ。わかってもらえるまではしばらくかかるけれど、それを乗り越えればマイペースでいられるようになるんですから。

もちろん人に迷惑をかけるのはいけませんよ。誰かを不愉快にしちゃいけないけれど、自分一人がやっていることなら何も遠慮することはありません。何か言われてもほっときゃいいの。

世間や正論に合わせる方が楽だと思うかもしれないけれど、人に合わせている限り心地よい生き方なんてできません。
長い目で見ればね、「目障りなやつ」で、いいんです。

「丸くなったね」なんて、言われたくない

——年甲斐《としがい》もなく、いつまでもとんがっているのもどうなのでしょう？　やっぱり、年とともに丸くなるのがいい年のとり方なのかなと思うのですが。


よく「年をとると人間が丸くなる」って言いますけど、私はあまり好きじゃありません。「丸くなったね」なんて言われたら終わりだと思っています。

余裕が出るのはいいことですよ。おおらかになるのもいい。でも、そういうのと丸くなるのとは違うと思うんです。

丸くなるっていうのは、人に丸められている気がするの。人に丸められて合わせるなんて私は嫌。自分と人は違っていいと思っているから。丸くなんてなるより、自由になる方が大事なのよ。

私は年をとって、本当に自由になれたと思っています。

何しろ、若い時はギチギチに鎧《よろい》を着てましたから。職業柄人様に見られるということが多かったから、必要以上に人目を意識しているところもあったんでしょうね。それがすごく窮屈で、嫌で嫌でしょうがなかった。でも、若いうちは鎧を脱ぎ捨てる勇気もなかったの。だけど、年とともにそんな鎧はどんどん脱ぎました。今はもう何もないっていうくらい素っ裸（笑）。多少の自意識みたいなものはありますけど、人から何を言われても平気です。何を言われたって構わない。

そういう自分を普通に出せるようになったのね。「しょうがないじゃない。私はこういうふうに生きてきたんだから」って。何事も自分で決めて自分で選ぶ習慣をつけてきたことで、自信がついたのかもしれないわね。

私の場合、鎧を脱げるようになったきっかけはものを書くことでしたけど、それでもかっこいいことを書いているうちはまだまだダメだと思ってました。

書いたものが多少売れたりもしたけれど、心のどこかで「これじゃダメだ。もっと自分の嫌なところ、恥ずかしい部分も見つめて書かなきゃいけない」ってずっと思っていたの。

で、そこを思い切って出せたのが『家族という病』だったんです。

これを書くにあたっては、当然葛藤がありました。何しろ家族のことや家族に対する思いを洗いざらい書くわけですから、ためらわないわけがありません。

家族のあれこれを書けば、当然悪く思う人もいる。正直私だって、人様から悪く思われるのは嫌ですよ。

でも、だからって当たり障りのないようなことを書いてもしょうがないじゃない。自分が家族とどう付き合ってきたかってことを嘘《うそ》偽りなく書かなければ書く意味がない。そう思って、みっともないと思えることも全部書いたんです。

そうしたら本が爆発的に売れましたよね。それでわかったの。ああ、やっぱり本当のことを書けば人の心に届くんだ、綺麗事を書いているうちはわかってなんかもらえないんだって。

ものすごく勇気がいりましたよ。でも人間自由に生きたければ恥を晒す覚悟も必要なの。恥を晒せばこそ、自分を縛る「枠」から自由になれるんですよ。

噂話《うわさばなし》しているヒマがあったら、批判精神を磨きなさい

――職場やサークルなど集団の中にいると、悪口や噂話を聞かされることもしばしばです。適当に話を合わせているうちに引っ張られて、自分を見失うこともあります……。


体制の中で生きてきた人っていうのは、老けるのが早いわよね。

まあ、集団の言うことを鵜呑《うの》みにして、自分の頭でものを考えない人は精神が死んでいるようなものですから。精神が死んでしまったら、肉体の方もそりゃ老けて当たり前ってもんよね。

私はそんな生ける屍《しかばね》みたいになるのはごめんです。

病気の場合はともかく、最後まで自分の頭で考えられるよう自分を保っておき

たい。だからできるだけ新聞を読み、本を読み、自分の頭で考え、考えた意見を周囲に伝えるようにしています。

何もマスコミで意見を表明するわけじゃありませんよ。友人との他愛ない会話の中でも、現状に対する批判や意見を根拠を持って言うようにしているんです。

ただし、批判といっても誰かの悪口を言うわけじゃないのよ。「あの人はダメだ」「けしからん」って文句を言うのは批判精神とは言いません。

たとえばテレビのワイドショーを見てあれこれ言うのは、批判精神でもなんでもないわよね。あれは単なる噂話、欲求不満の捌《は》け口。ヒマな人が噂話に耳を傾けて文句を言っているだけの話です。

そもそもスマホをしょっちゅう見ている人はヒマなんですよ。ヒマだから人のことが気になるの。で、その挙句にああだこうだと言いたくなるの。

それにね、そういう人は「みんな同じでなければいけない」と思ってるんです。みんなこうでなければいけないはずなのに、どうしてあの人は外れたことをするのか。みんなと同じにできない人は叩《たた》かれて当然だ。そういう価値観でものを見ているから文句が言いたくなるんですよ。

老け込みたくなければね、きちんと批判精神を磨いたらいいんです。体制から、他人から離れて、自分の頭でちゃんとものを考えるの。それが不良になるってことですから。

自分の顔を「履歴書」にしちゃいけない

――年を重ねると、職業が顔に表れるということがあります。それはいいことなのでしょうか？　それともあまりよくないことなのでしょうか？

「男の顔は履歴書」って言うわよね。

それはその通りです。社会的な生き物ですから、男っていうのは。組織に入って「これをやれ」「あれはやるな」としつけられる。嫌でもそれに従わざるをえない。家族を養わなきゃいけないから。……なんていう生き方をしているうちに、顔が履歴書になっていくわけですよ。

だから、男は顔を見れば何の職業をやってたかわかります。銀行マンなら銀行マンらしい顔だし、学校の先生もちょっとしゃべればすぐにわかる。営業マンなんかもすごくわかりやすいわよね。

みんな見事なくらい職業の顔になってる。そういう男が本当に多い。でも、それって全然褒められたことじゃないんですよ。

どうしてかっていうと、職業の顔がべったりとくっついたまんまだってことは、その仕事の名刺や肩書きがないと生きていけないっていうことですから。

本当はね、自分の顔を持ち続けた方がいいの。職業の顔になったとしても、年をとって自由になったら自分の顔に戻ればいいの。でも、男はなかなか戻れないのよ。自分の顔がわからなくなっちゃって。

それに比べて、女の顔は履歴書にはならないわね。

女はどんな職業でも自分の顔を持ってる。持ったまま年を重ねている人が多い。女は男に比べてのびのびとして自由で、勝手なとこがあるんですよ。

もちろん悪い意味じゃありません。いい意味で勝手なの。

社会になんかしつけられない。肩書きに執着もしない。退職後もそれにすがりつく女なんて、あまり見たことありませんから。

最近は女性管理職も増えてきたせいか、職業の顔になる人もいくらか出てきたけれど、私はいいことだとは思わない。役職についたとしても、女の人には自分の顔をなくさないでほしい。それが女の魅力であり強みでもあるんですから。

第三章　不良老年は、「飛ぶ覚悟」を持っている

悠々自適より、第二の人生に挑みなさい

——老後はできるだけ働かずに、のんびりと暮らしたい。そう思っている人も少なくないと思います。

「定年後はできれば悠々自適で」なんて言う人がいますよね。

でも、今は悠々自適なんてありえません。悠々自適っていうのは銀行の利子が多かった時代の話。今は利子なんてほとんどないでしょ。

わんさとお金が入ってくる方法を知っている人は別かもしれませんよ。けど、そういうあぶく銭みたいなお金っていうのは、たいていあっという間に消えてしまう。競馬でも宝くじでも、突然儲《もう》けたものは突然消えてしまうでしょう？

だからうまい話で悠々自適なんて考えない方がいい。やっぱりお金っていうのは、コツコツ働いて得たものが大事なんですよ。

ただ、定年後も若い頃と同じようにガツガツ働くのはしんどいわよね。できればのんびりと、好きなように働きたい。

九十五歳まで生きるとすると、年金の他に二千万円必要と金融庁が発表して、大きな波紋を呼びました。そのためにはね、第二の人生を考えておくこと。自分がやってみたいと思う仕事を見つけておく。今の仕事を辞める前に、次の目安を立てておくんです。

たとえば連れ合いは、テレビ局の社員として報道番組のプロデューサーをやってましたけど、友達とドキュメンタリー番組のプロダクションをやると言って、五十歳で会社を辞めました。

ちょうどソ連が崩壊して、東西ドイツの壁がなくなるという激動の時代でした。おかげで仕事の依頼はたくさん来ましたけど、海外を飛び歩いて番組を作り、あまりの忙しさに体を壊してしまい、結局プロダクションを辞めることになってしまいました。

その後しばらく休養を取ったものの、やはり現場復帰は無理。どうしようか考えていたところに「大学で教鞭《きょうべん》をとりませんか」という話が来て、ジャーナリズムを教える教授として迎えられました。

次の目安を立てても予定通りにいかないってことはあります。想像していたのとちょっと違ってたってこともあると思います。

でも、何事もやってみないとわからないのは当たり前。完璧にうまくいくなんてそうそうない。大事なのは、自分で「これだ！」と思った時にパッと飛べるかどうかなんです。

うまい話に飛び付けという意味じゃありませんよ。チャンスがたくさんやってきても、それが本物かどうか見定められなきゃいけない。そういう目を養うということなんです。

お金が少なくても多少条件が悪くても、「今だ！」とわかったら飛ぶ。飛ぶ覚悟を持つ。無鉄砲に飛ぶんじゃなく、覚悟を持って飛ぶんです。

うちの連れ合いも、覚悟を持って飛んだと思います。病気にさえならなければ多くの番組にかかわっていたかもしれません。

でも飛んだことがかえってよかった。大学で学生たちに慕われながら、楽しそうにジャーナリズムを教えてました。

今でもＮＨＫはじめ新聞社やフリーの記者やディレクターになった教え子が集まって酒をくみかわし、意見を求めにやってきます。結婚、出産、離婚をいちいち報告してきます。

アドバイスなんて、ろくなものがない

――何か事を起こすなら、自分だけで決めず誰かにアドバイスをもらった方がいいですよね？　年をとって失敗するのは怖いですし、後悔するのも嫌ですし……。

飛ぶと決める時に大事なのは、人の意見を聞かないこと。むやみにアドバイスを求めないことです。

だって、アドバイスなんて無責任に言えますから。真剣にその身になって言っていない方が多いんですから。「アドバイスなんてろくなものがない」くらいに思っておいた方がいいんです。

そもそもアドバイスに従って決めたら、自分で責任が取れないでしょう？　人の意見に乗っかって飛んだり飛ばなかったりしたら、「あいつがああ言ったせいで」と人のせいにしてしまう。自分で責任を取るなら失敗しても糧になるけど、アドバイスをあてにしたら後悔しか残りません。

飛ぶ時は、責任を引き受ける潔さと度胸、それに勘の良さが必要なんです。勘っていうのは、自分に興味を持つと磨かれていきます。

毎日毎日「私はどう思っているの？」「本当の自分はどうなの？」って自分に問いかけるの。そうすると自分がわかってくる。「この場合はこうしたらいい」っていう一種の勘が、少しずつ磨かれていくわけです。

だから勘を磨きたければ、やっぱり孤独が必要。いつも人といると人の意見しか入ってこない、情報しか入ってこないから。情報なんていくらあったところで、取捨選択する自分がしっかりしてなきゃ何の役にも立たないでしょ？

飛ぶかどうかを決めるのは結局自分。やたらと情報に頼りたがる人も多いけど、情報なんて何も決めてはくれないんですよ。

私の場合、最近で「飛んだ」のは日本自転車振興会（現・公益財団法人ＪＫＡ）の会長になった時です。

最初に頼まれた時は、当然断りました。何しろ経産省の外郭団体というお堅い組織ですからね。私には全然向いていない。

でも、何度か頼まれるうちにふと思ったんです。

日本では、女がそういう組織のトップになるということはほとんどない。これは自分が飛躍する一つのチャンスかもしれない。向いてないかもしれないけれど、やってみる価値はあるかもしれない。

まさに清水《きよみず》の舞台から飛び降りる覚悟で、思い切り飛んでみたわけです。

決めるにあたってはごく親しい二人にだけ話をしました。

一人は連れ合い。同居人として何らかの影響を与えるわけだから、これは話すのが当然です。彼は「何か起きた時、責任を取れるならやってみろ」とだけ言いました。

もう一人は長年お世話になっている出版社の女性社長。彼女は私のことをよく知ってくれているし、特殊法人の理事を務めた経験もある。「こういう話がある」と話すと、即座にひと言「やりなさい」と言ってくれました。

結果として、この仕事を引き受けてつくづくよかったと思います。

おかげで組織というものが、男の仕事というものがよくわかった。またとない学びのチャンスになりました。ここで飛んでいなかったら、今の自分はないと言っても過言ではありません。

逆境こそ、楽しんでみせる度胸を持て

――年をとってから新しい環境に飛び込むのは勇気がいります。人とぶつかったりストレスを抱えたり、嫌なこともあると思います。

覚悟を持って飛んでも、必ずしもいいことがあるとは限りません。むしろ辛《つら》いことの方が多いこともあると思います。

実際私も、飛んだ先で散々な目に遭いました。

何しろ男ばかりの職場で、女はほとんどいない。外部から来た人間だから「あんなやつに何がわかる」と陰口を叩《たた》かれる。月一で行われる会合では、古い競輪担当の記者からもずいぶんと厳しい質問を浴びせられました。

そりゃ、身分としては恵まれてましたよ。組織のトップだから秘書もいたし、送迎してくれる公用車も運転手も付いていました。だけど、現実にはお昼ご飯を

一緒に食べる人もいない孤立した立場だったんです。

でも、引き受けたからには何かやらなきゃどうしようもない。任期を無駄に過ごすのはもったいない。周りに何を言われようとどう思われようと、自分にしかできない何かを絶対にやろうと決めました。

一つはガールズケイリンを作るのに力を入れること、もう一つはベロドローム と呼ばれるドーム型の、二五〇メートル板張りバンクの自転車競技場を作ることでした。

ベロドロームの建設には当時で四十億という莫大《ばくだい》な費用がかかります。「そんなお金をかけて採算が取れなかったらどうする」って周囲からは猛反発を食らいましたが、私はみんなを説得して建設を断行しました。

自転車競技は世界でも一、二位を争う人気のスポーツ。ベロドロームがあればきっと日本でも人気に火がつくし、オリンピック誘致にも役立つはず。各国の世界戦を見て回る中でそう確信したからです。

結果的に、ガールズケイリンは今やドル箱になり、先日10周年を迎えて記念の大会に招待されました。建設した伊豆ベロドロームは東京オリンピックの自転車競技のトラックレースの開催地として使われました。

おかげで今頃になって「あいつは先見の明があった」なんて言う人もいるみたいですけど、私からすれば「何かおもしろいことをやろう」と思っただけのこと。「やるなら楽しまなきゃソンだ」と思っただけの話なんです。

だからどんな環境でも、やると決めたら楽しまなきゃダメ。クヨクヨしているヒマがあったら、進んで楽しいことを見つける。楽しいことって、探せば必ず見つかるんですから。

たとえば私の場合、当時全国に四十八場あった競輪場をすべて見て回りました。競輪場って土地柄もあって一つ一つ違うんです。それを見て歩くだけでもすごく楽しかったし、いろんな意味で刺激を受けました。

今思えば、怖いもの知らずだったと思います。よく引き受けたなって。

でも、思い切って飛ぶ時はビクビクしないで、楽しんでやるくらいの気概が大事。逆境を楽しんでみせる度胸も必要なのよ。

お金の使い道は、「自分への投資」と考える

――年をとると医療や介護など何かとお金がかかります。無駄遣いしてはいけないと思う一方で、好きにお金を使いたいという気持ちもあります。お金はどう使うべきでしょうか。

年をとると、あちこち具合が悪くなってきますよね。足腰も、目も耳も鼻も。部品が悪くなってくるから、それを補わないといけない。

そのためにはどうしてもお金がかかる。衰えは気力とお金でカバーするしかない。

そう考えると、「豪快に使い切って死んでやる」なんてかっこいいこと、簡単には言えないわよね。

私の前の日本旅行作家協会の会長で先頃お亡くなりになった兼高《かねたか》かおるさんも、

生前しみじみこうおっしゃってました。

「年をとると本当にお金がかかるの。何か一つ頼むにも現金がいるでしょ。だからお金は大事にしないといけないわよ」って。

考えてみれば本当にその通り。何かの集まりに出かけるにしても、足が悪くなればその都度誰かに介添えを頼まないといけないものね。

実際、兼高さんは作家協会の集まりに若い男性の介添人を伴ってやってきていました。その姿は私の目にはとてもカッコよく見えて、「私も真似《まね》させてもらおう」なんて思ったものですけれど、それにはお金がかかるというのもよくわかる。遠方なら宿泊費もかかりますしね。

幸い私はまだ介添人は必要ありませんけど、いずれはこうなることを考えると、やはりお金の使い方には慎重にならざるをえません。

このままの調子でいったら、九十、いやひょっとすると百までいくかもしれない。死ぬまで仕事をするとすれば、健康を保つためのお金は何より大事にしないといけないなって、つくづく思いますよ。

まあ、働いていればそれなりにお金は入ってきますけどね、でも、八十を過ぎた今が一番忙しい身としては、単なる遊びや贅沢《ぜいたく》ではなく、「自分への投資」に惜しまずお金をかけるべきだと思うんです。

「自分への投資」っていうのは、何も健康に限ったことじゃありません。働くのに必要なものにお金をかけるという意味です。

たとえば、司馬遼太郎《しばりようたろう》さんは神保町《じんぼうちよう》の古書店街でトラックいっぱいの本を買ってきたなんていう話がありますけど、それは次の本を書くための資料であって、別に道楽で買い集めていたわけじゃありません。

池波正太郎《いけなみしようたろう》さんなんかもそう。彼は歴史小説だけでなく食に関する著書もたくさん書いていますよね。年中美味《おい》しいものを食べ歩いているように見えるけど、それもあくまで仕事のため。

いいものを書くためにお金をかけて食べ歩く。その結果本が売れる。つまり自分への投資として食べ歩いているわけです。

渡辺淳一《わたなべじゆんいち》さんも京都のお茶屋でお金を使うのは、次の小説のためでした。

それが次につながるかどうかを考えるのはすごく大事。「やっぱりお金がいるの」という兼高さんの言葉を、肝に銘じるべきだと思っています。

やるべき仕事がないことほど、不幸なことはない

——仕事や子育てが一段落して、自由な時間がたくさんある。でもいざ時間ができると何をしていいかわからないという人もいます。

私は死ぬまでずっと仕事をしていたいし、それは当たり前のことだと思って生きてきました。「最低自分が食べられるだけは働くんだ」って、若い頃から自分に言い聞かせてきたんです。

だから仕事をしていない自分なんて考えられません。「仕事をとったら自分には何ができるんだ」って思います。

人付き合いも好きじゃないし、家事は苦手だし、料理だってできないし。

そういう意味では、専業主婦はすごいと思います。衣食住から教育に経済、さ

まざまな仕事を一手に引き受けるわけですから。

でも、最近は専業主婦に誇りを持っている人なんて少ないわよね。「楽だ」とか「ヒマだ」とか、世間的にもそういうイメージがある。

確かに昔に比べたら楽ですよ。明治時代くらいまでの主婦は梅干しでも何でも自分で漬けてたし、着物も布団も自分で作ってた。

私の母も、古くなった着物は全部ほどいて伸子《しんし》張《ば》りにして、庭で干してもういっぺん縫い直したりしてました。夏冬の部屋の模様替えもやってましたしね。ものすごく大変な作業だったと思うけど、だからこそ家事という仕事に誇りを持っていた。主婦としての誇りを持てていたんだと思うんです。

でも、戦後は電気製品が揃《そろ》ってこういうことをやる必要がなくなりました。便利になった代わりに、主婦として誇りを持てる仕事が奪われてしまいました。

そうなると、ヒマを持て余して噂《うわさ》話《ばなし》ばかりするようにもなる。全部とは言いませんけど、事実そういう主婦も少なくないでしょう?

人間には自己表現としての仕事が必要なんです。

誇りを持てる仕事をしていないとダメなの。

幸い今の時代はいくらでも自分の能力を伸ばすチャンスがあります。そのための教室や習い事もいっぱいある。やりたいことが見つかりさえすれば、プロになる道は誰にだって開かれています。

お金はもちろん大事ですよ。でもそれだけじゃなく、誇りを持って生きること。そのためには男も女も働くことが必要なんです。

だから、世の女性たちには年をとっても、ぜひとも仕事をしてほしい。「定年になった旦那が家にいてうっとうしい」なんて思うヒマもないくらい、自分のために仕事をしてほしい。

年をとっても働くことを、惨めに感じたり苦役に思うことなんてまるで必要ない。私は仕事がないくらい不幸なことはないと思う。病気以外は人間働いていないことくらい、どうしようもないことはないんですよ。

何も大金を稼ぐ必要はないの。家族のためなんて思わなくてもいいの。人から必要とされることくらい嬉《うれ》しいことはないわ。

自分一人を食べさせればいい。今の時代、健康ならそのくらいむずかしくも何ともないんですから。

欲がなくなったら、人間終わり

――若い頃と違って、年をとると買い物するのも躊躇《ちゅうちょ》するようになります。もう先がないのに買ってもしょうがないのかなと。

「年をとるともう先がないから、なるべく物を買わない方がいい」って言う人がいますよね。

でも、私はそんなことはないと思う。気に入ったら買った方がいい。もちろんすぐに捨てるようなものは買わない方がいいわよ。でも、どうしても欲しいと思うなら迷わず買っていいと思います。

だって、死ぬ時は好きなものに囲まれていたいもの。馴染《なじ》んだものに囲まれていた方が安心できるじゃない。

がらんとした、マンションの広告みたいなよそよそしい空間で死にたいと思います？　私だったら絶対に嫌。いくら洒落《しゃれ》てても、なんの生活感もない部屋で死ぬなんてこんな淋《さび》しいことってありませんよ。

だから本当に欲しいと思ったなら、先がないなんて言わずに買ったらいいの。ものに込められた想《おも》いっていうのは、お金より大事なんですから。

ある知人がこんな話をしてました。

「八十代の母親がデパートでよそ行きの洋服を買ってきた。それを着て出かける先もほとんどないのに。昔からお洒落するのは好きだったし、暮らしに困るほどお金を使うわけじゃないけれど、こういう無駄遣いはやめさせたい」って。

それを聞いて私は言ったんです。

お母様の大事な楽しみを奪ってはいけないって。

だって、年をとってもお洒落をしたいという気持ちがあるのはすごく素敵なこと。たとえ着る機会がなくても、そういう欲があることが大事なの。人間そういう欲がなくなったら、もう終わりですよ。

私の母も、亡くなる少し前に着物を買ってました。本当に素敵な白地の訪問着。おそらく高価なものだったと思います。着ているのを見たことがないから、たぶん一度も袖を通さないまま逝ってしまったんだと思います。

でも、それでいいんです。買ってよかったんです。本人が本当に欲しくて、最後の最後に買ったものなんですから。母が亡くなった時は、その着物をお棺に入れました。

今の日本は、人の想いというものに鈍感だと思います。年寄りだからこれはいらないだろうとか、どうせ先がないんだからこうすればいいだろうとか。

年寄りだとか若いだとかじゃなくて、その人自身の想いを汲《く》むのが本当でしょ。「年をとったからお洒落なんてどうでもいい」って人より、「出歩けなくなっても寝たきりになっても、みっともない格好はしたくない」って人の方が私は素敵だと思う。

そりゃ誰も見ないかもしれませんよ。自己満足かもしれませんよ。でも、他人に対してじゃなく自分に対してみっともないと思うことが大事なの。

似合うものを着たい。こういう自分でいたい。そういう想いを満たす欲は、最後まで失っちゃいけないんです。

好きなものしか持たないから、断捨離なんてとんでもない

――「生前整理」や「老前整理」という言葉をよく耳にします。持ち物は少なく、すっきり暮らすのが一番だと言われます。捨てることは、正しいことですか？

最近「断捨離」っていうのが流行《はや》ってるみたいね。ものはなるべく持たない方がいい、ものはどんどん捨てた方がいい。そういう風潮があるみたいですけど、「捨てる」のではなくて、使えるものはとことん使うというのが私の主義です。

私は家具だろうと洋服だろうと、長年自分のそばにいたものは大切にします。昔の洋服だって、似合っていると思えば着ます。流行なんか気にしません。そも

そも私は気に入ったものしか買いませんから。

買う時に「これは本当にいるものかどうか」「本当に好きで長く愛してやれるかどうか」を吟味して吟味して買うの。だから、すぐに捨ててしまうようなものは、私の手元にはないんです。

断捨離しなければならない人は、あまり吟味せずにものを買ってしまっているんじゃないかしら。

適当に買うと、すぐに気に入らなくなったりダメになったりして、また買わないといけなくなる。買っては捨てて、捨てては買っての繰り返しになる。

つまり、アメリカ型の消費社会に、使い捨ての文化に毒されちゃってる。それってバカバカしい話よね。

年代が上の人が「買ったものを捨てられない」というのはわかる気がします。何しろ戦後の日本は、戦争に負けて、すっかり焼けてしまって何もかもない状態だったから、とにかくものを欲しがったのね。

その後経済成長が盛んになって、どんどんものが手に入るようになったけれど、もののなかった時代の経験があるから、もったいなくてなかなか捨てられない。

その結果、思い切って断捨離しなければならないくらい、どうでもいいようなものを溜《た》め込むことになってしまったんでしょうね。

私はもともと、「想い」のないものは落ち着かないんです。だから身の回りにあるものは、何らかの思い出や思い入れのあるものばかりです。

たとえば茶碗《ちゃわん》一つだって、それを使う時には風景が浮かびます。どこでどういう時に、どういう状況で買ったのか。それにまつわる場所や人の顔が浮かんでくるようなものを使っていたいんです。

値段でもブランドでもなく、ものに込められた「想い」が大事なの。だから一度手に入れたものは、多少古びてもそう簡単には手放しません。

私が使っている机や本棚、ソファもそう。机は父がずっと使っていたものだし、本棚もソファもすべて実家で父母が使っていたものです。

ソファなんかは古くなってあんこが中から出てきちゃったりしましたけど、綺《き》麗《れい》に張り替えて軽井沢《かるいざわ》の山荘で使い続けています。新しいものを買った方がずっと安いけれど、お金に換えられない「想い」が詰まってますから。父母も一緒に軽井沢にいる気がするのよ。一度も連れて行かなかったから。

健康オタクになるより、「体の声を聴く習慣」をつける

――年をとると誰しも病気のことが気になります。どうすれば健康を維持できますか？　ズバリ健康の秘訣《ひけつ》を教えてください。

私は今のところ目立った持病もなく、八十六にしては元気な方だと思いますけど、健康のために特別に何かしているというわけじゃありません。健康に関する情報収集なんかほとんどしませんし、サプリメントも飲まないし、今は定期的な運動もしていませんし。近所のスポーツクラブにはずっと通ってますけど、ちょこっとストレッチをして体を動かす程度。週に二、三度、気の向いた時に足を運ぶという、いいかげんな通い方をしています。

何しろそこに通う一番の目的はお風呂。ジャグジーがとても気持ちよくて、私

はひそかに「お風呂屋さん」って呼んでる（笑）。

ただ、病気にならないよう自分なりに気をつけてはいます。「今日の具合はどう？」「今日はどのくらい疲れている？」って、自分で自分の体に聴くようにしているの。そうすると、ちょっとした不調に気づけて、病気の症状が現れる前、つまり未病のうちに手が打てます。

病気っていうのは、病気になってから何かするのじゃ遅いのよね。病気にならないためには、未病に気づくのが大事なんです。

私は幼い頃に結核で寝てましたから、自分の体調に注意する癖がついてます。自分の体の声を、いつもいつも聴くようにしています。

で、「ああ、今日はちょっとダメだな」と思う時は絶対に無理はしません。自分の体が告げているサインだからです。

あと、二週間に一度、鍼灸《しんきゆう》の先生のところに通っています。西洋医学の知識も持っている中国の女性なので、頼りにしています。

でも、これも健康管理のためというよりは、先生と会うのが楽しみだから。半分は楽しみで通っているから続くんでしょうね。

「骨折なんて当たり前」くらいに考えればいい

――年寄りはよく骨折します。骨折のせいで体調を悪くし、寝たきりになる人もいるといいます。骨折は高齢者の大敵ですね。

大した持病はないと言いましたけど、骨折はやっています。足首も手首も、七十代の時に。当たり前ですけど、痛いですよね、骨折すると。

でも、あまり落ち込まないのよ、私。

みんな、年がいってから骨折すると「もうこれでダメだ」みたいに思っちゃうでしょ。私はまったく思わないの。

「へえ、骨を折るってこういうことなんだ。おもしろいね」みたいな感じ。

そんな気持ちでいるとね、だいたい一カ月もすると治っちゃう。で、その間一切仕事は休みません。同じペースで仕事し続ける。足をやった時も、車椅子を使って地方講演にも出かけましたしね。

まあ、治るペースは人それぞれでしょうし、仕事によっては休まないといけないかもしれませんけど、いつまでも折れたままなんてことは絶対にありません。

だから「もうダメだ」なんて悲観しないの。「年をとったら骨折くらい当たり前」と思っていればいいんですよ。

それにね、私がお世話になっている先生が言ってました。

いっぺん折れたところは、むしろ丈夫になるんですって。折れた部分は弱っているのかと思いきや、そんなことはないんだそうです。

人間の体って本当によくできてる。すごいですよ、回復力が。

あと、足首を折った時に思ったんですけど、車椅子になるとみんな親切にしてくれるから、嬉しいし楽しいわね。

飛行機や新幹線の乗務員も、すごく親切に助けてくれる。あんなにありがたいことってない。骨折しなければわからなかったことです。

何しろ初体験ですからね。初体験ってのはなんでも楽しい。骨折でもなんでもね、そんなふうに思ったらいいんです。

「年寄りは朝が早い」なんて、嘘《うそ》っぱち

――睡眠はどうでしょう。早寝早起きがいいのでしょうか？　たくさん眠る方がいいのでしょうか？　睡眠はどうやってとるのがいいと思いますか？

睡眠はすごく大事です。何より大事だって言ってもいい。私はできるだけ長く睡眠をとるようにしています。

「年をとったら必要な睡眠は短くなる」なんていう話もあるみたいですけど、私は全然そうは思わない。人によって体質が違うから、そういう人もいるんでしょうけど、私の場合はたっぷり寝ないと使い物にならない。

物書きという仕事柄、よく眠れないことも多いの。だから私は医師から処方された精神安定剤を飲んで寝ます。薬の力を借りてでも、とにかくぐっすり眠るようにした方がいいのよ。

それと、よく「年寄りは朝が早い」なんて言うわよね。

これも私に言わせれば嘘っぱち。人によるんですよ。朝型もいれば夜型もいる。年をとったらみんな早寝早起きになるなんてことはないんです。

私なんか、夜寝るのは深夜一時頃ですよ。夜は遊ぶための時間だから。誰かとお酒を飲んだり、じっくり本を読んだり、音楽会や演劇を鑑賞したり、遊ぶ時間をとっているとどうしても一時くらいになっちゃう。

で、朝は九時か十時くらいに目が覚める。目が覚めてもすぐに起きないで、寝床の中であれこれその日の予定を考えてから起き上がる。一〇分くらい体も動かします。そういうぐだぐだした時間が大好きなんです。

それは不健康だと言われるかもしれないけど、私みたいにそれで大丈夫って人もいるの。要は年寄りだからとかテレビでこう言ってるからとかじゃなく、「自分はどうか」ってこと。人の言うことは参考程度にとどめておけばいいんです。

何も不摂生をしていいと言いたいんじゃありませんよ。不摂生するのが不良だというわけじゃない。自分に合った生活をするために、自分の体をきちんと知っておくのが不良なんです。

自分で自分の体がわかっていれば、自分にとってのよい睡眠がわかるはず。人に合わせてたら、それだけでくたびれちゃいますよ。

認知症の不安は、「楽しい話」で吹っ飛ばす

——認知症が社会問題になっています。認知症への不安を抱えている人はとても多いと思います。やはり不安はありますか？

認知症の不安は、私だって当然あります。物忘れはひどいし、漢字も書けなくなってきたし。

読むのはいいんです。書けないの。辞書を引いて書いてもすぐに忘れちゃう。昔はこんなことなかったのに、本当に情けないですよ。

でも、考えてみると昔もよく物忘れしてたのよね。放送局で働いていた時は、スタジオが変わるたびにバッグを置き忘れてきたりして。今の方がよく覚えてるくらい、物忘れの名人だったんです。

そう思うと、漢字が書けないのも物忘れがひどくなるのもそれほど気にならな

くなる。「別に今に始まったこっちゃないよな。この年でこのくらい覚えていられるなら、まあいいよね」って。

そもそも年をとれば、物忘れが進むのも認知症が近づくのも当たり前。自然なことで、避けようったって無理。だからむしろ、「そんなの受け入れてやる」っていうくらいの心持ちでいたいですよね。

「まだそういう環境にいないからそんなことが言えるのよ」って言われるかもしれないけど、本当にそう思う。本人だけでなく周りの人間も、あまり悲観的にならない方がいいと思うんです。

そりゃ、子どもの立場からすれば「親が認知症かもしれない」と思ったら心配になるわよね。「うちもいよいよか」とか「これからどうすればいいんだろう」って不安になるのもわかります。

だけど、子どもが本気になって心配しているのがわかったら、親としてはショックだと思います。自分が認知症だと思われているとわかったら、私だったらすごく悲しい。

だから認知症かもしれないなと思ったら、まずは「ああ、そういうのが出てきたんだな」くらいに思って、おおらかに包んであげましょうよ。「それも老いの一つなんだな」って。

でね、あんまりその話ばかりしないようにするの。

何か深刻な問題があるなら別だけど、心配だという程度なら認知症の話は避けて、別の楽しい話題に切り替えるの。

認知症っていうと問題視ばかりされるけど、そうじゃない部分だってたくさんあるわけでしょ。だからその人のいいところやプラスの方に目を向けて、そっちをおもしろがってあげるんです。

兄弟姉妹や親戚の中には「困った困った」って騒ぐ人がいるかもしれないけど、そういうのに乗っちゃダメ。「ああ、そうね。そういうこともあるかもね」って受け流して、親が楽しく話せそうな、興味のありそうな話に持っていくんです。

興味のあることに話を持っていけば、人間いくらだって話します。好きな話をして聞いてもらえれば、おしゃべりになるし笑顔も出ます。そういう姿を見れば「認知症かも」なんて心配も吹っ飛びますよ。

だから、親がちょっと変だなって思った時は、好きな話をさせて乗せてあげる。

褒めたりおだてたりして気分よくさせてあげる。

乗せてもらって嬉しがらない人間なんていないんですから。

そういう意味で言うと、親の方も乗せてもらったら気持ちよく乗るのが大事です。「何だか今日はうまいこと乗せられてるな」と思っても、そのままいい気になって乗せられていればいいの。

へんに謙遜なんかするより、その場の雰囲気にうまく乗ってみせるのが不良老年ってもんなんですから。

認知症になるのも、人間が生きている証拠なのよ。誰もが死ぬまでに経験する人生の過程の一つなんです。

だから、認知症にビクビクするのなんかやめましょうよ。

第四章　不良老年は、自分だけの「秘め事」を持っている

自分だけの「秘密基地」を持とう

――老後というのは思う以上に長いです。何かしら張り合いがあると最後まで充実した人生が過ごせると思うのですが、何かいいお知恵はありませんか？

最近、「秘密基地」を作りましてね。家の近くに小さな部屋を借りたんです。でも、その場所は誰にも教えてない。連れ合いも秘書も知らない。私がここにいることを、私以外誰一人として知らないんです。

その自由さと言ったらありません。

もうそれだけで嬉《うれ》しくなっちゃう。

そこで何かよからぬことをしてるっていうんじゃありませんよ。原稿を書くとか本を読むとか、まあ言ってみれば一人きりになれる仕事場です。

そういう場所があること自体が嬉しいの。秘密基地があるって考えただけで愉《たの》しくてしょうがない。子どもがワクワクしながら作る秘密基地、あれと同じ感覚なんです。

子どもってみんな秘密基地を持ってるじゃない？　家の裏とか、近所の雑木林とか、あるいは自分の家の押入れの中とか。

親も知らない、ちょっとした秘密の場所を持つ愉しみ。大人もね、こういう愉しみを持つといいんじゃないかと思うんです。

ただ、実際に部屋を借りるのは思っていた以上に大変でした。

何しろ秘密基地だから、人に頼るわけにいかないでしょ。全部自分でやらなきゃいけないと思って、一人で街の不動産屋さんを回って、一人で物件を見て回ったの。

でも、これぞと思う物件はなかなか見つからないし、八十を過ぎるとそう簡単に部屋を貸してはくれない。

結局不動産屋さんから「事務所で借りることにしてください」って言われて、渋々そうしたんですけど、年をとると部屋を借りるのもままならなくなるってことを、身をもって痛感しました。

でもね、何も無理して部屋を借りなくてもいいんですよ。大事なのは自分だけの秘密基地にできる、お気に入りの場所を手に入れること。

家の近くの公園や喫茶店でもいいし、自分の家のキッチンや寝室の隅っこでもいい。そういう自分だけの秘密の場所があると、心にちょっとした余裕みたいなものが生まれるような気がしません？

ちなみに私の場合、秘密基地探しでは「窓からの眺め」にこだわりました。緑がたくさんあって、様々な人がのんびり過ごす風景の見えるところ。行きやすいように、できるだけ自宅近くで探しました。

うちから車で一〇分くらいかな。近くまで連れ合いに車で送ってもらうことはありますけど、詳しい場所までは教えません。

私だけの、秘密基地ですから（笑）。

秘密を持つと、自分自身がよくわかる

――夫婦や家族の間で隠し事をするのは、あまりよくないことですよね？　何でも話せる関係でいた方が、円満にやっていけると思うのですが。

人間、秘密を持っていた方がいいです。

何もかも人に知られているなんてダメ。全部わかっちゃうなんておもしろくない。

「この人、何考えているかわからない」っていうところがあった方が、奥が深そうで魅力的じゃない？

秘密っていうと、あまりよくないもののように感じるかもしれません。「持ってちゃいけない後ろめたいもの」っていうイメージもあるかもしれません。

でも、そんなことないんです。秘密はあっていい。特に家族とか夫婦とか、親しい人にこそ秘密を持つべきだと思うんです。

もちろん、家族に迷惑をかけるかもしれないようなのはいけませんよ。借金とかドロドロの恋愛沙汰とか、面倒臭いことに人を巻き込みそうなのはダメ。そんなのは秘密じゃなく、ただのヤバい隠し事です。

そうじゃなくて、私のいう秘密っていうのは、自分以外誰も知らないもの、自分の奥底にある、人には見せられない大事なもののこと。

そういうものを秘めていると、人って「個」になります。秘密を持つと家族でも踏み込めない、その人自身の「個」があるってことがわかってきます。

そうすると、かえって相手を知りたい、理解したいっていう気持ちが生まれてくるんじゃないでしょうか。

たとえば、家族より友達の方が理解し合えるってこと、あるわよね？

それはおそらく、相手を一生懸命理解しようと努力するから。

わかりきれないかもしれないけれど、相手の「個」を少しでもわかりたい。そういう気持ちが相手との関係性を深めるんじゃないかと思うんです。

だけど、家族はそうじゃない。わかる努力をしようなんて考えもしない。相手をわかっていないのにわかった気になっているから、家族はもめる。トラブルも起きる。果ては家族間殺人みたいなことが起きるわけですよ。

だから「家族とはいえわからないことはある。踏み込んじゃいけない秘密がある」ってことを頭に置いて付き合った方がいいの。その方が遠慮や慎みが生まれて、風通しのいい関係が築けるんです。

それとね、私たちは家族のこと以上に「自分」を知りません。自分自身をわかっていません。

「自分のことは自分が一番わかってる」って思うでしょ？

でも、違うの。わかってないのよ。家族と同じで、わかったような気になっているだけでわかってないの。自分をちっともわかってないから、人生が虚《むな》しいとか不安だとか、もやもやとマイナスなことばかり考えちゃうんですよ。

だからね、人には秘密が必要なの。一人きりになって「自分の秘密ってなんだろう」って考えるのが大事なの。

秘密がわかってくると、本当の自分が垣間見《かいまみ》えてきます。本当の姿が見えてくると、自分で自分をおもしろがれるようになりますよ。

「秘めたる恋の思い出」も、自分を輝かせる宝になる

――定年後は夫婦で過ごす時間も長くなります。互いのプライバシーに触れる機会も増えそうです。知らなかった相手の過去に、一喜一憂することもあるかもしれません。

かなり昔になりますけど、私、心底惚《ほ》れた男がいたの。クラシックの演奏家で、十年ほど付き合いました。そりゃもう大恋愛で、自分がなくなりそうになるくらい惚れ抜いて、別れてからは死んじゃうんじゃないかってくらい落ち込みました。

それほど惚れていたから、正直いうと今でも好きです。もう何年も会っていませんけど、会えば胸がときめくと思います。

「別れた相手のことなんかどうでもいい」って人もいますけど、私は違う。別れたからどうでもいいなんて思わない。そういう意味でいえば、その彼は私にとって「永遠の恋人」といってもいいかもしれません。

実際、かつて彼からもらった懐中時計は今でも大事に持っています。彼が外国に演奏旅行に行った時のお土産ですけど、特別なところにしまってあります。もうとっくに時を刻まなくなりましたから、時計としては何の価値もありませんけど、私にとっては何にも代えがたい価値がある。

だから捨ててしまうなんて、考えたこともありません。

こういうことをいうと、「昔の恋人からの贈り物をいまだに大事に持っているなんて、旦那さんに悪いと思わないの？」っていう人もいるかもしれません。

私は全然思わない。だって、大事にしてるのは昔の思い出で、もうここにはいない昔の恋人への思いです。

そこに思いを寄せるのと、現実の連れ合いとの関係は全く違う次元の話でしょ？　一緒に考えることではないんです。

そもそも私にとっての「恋人」っていうのは、現実にそばにいて触れ合っている関係じゃない。今ここにいなくても、思い出すと胸がときめくような存在。それが本当の恋人ってもんだと思うんです。

そういう存在が心の中にあるって、すごく大事よ。心が豊かになる。自分を輝かせてくれる宝物のようなものだと思う。

だから、昔の恋の思い出は大事にした方がいい。今の相手に悪いなんて思わなくていいと思います。

連れ合いにそういう存在がいても、私は全然気にしない。というかむしろいた方がいい、いや、いなきゃおかしい。そういう秘め事もない男なんて、魅力的でもなんでもないですもん。

万が一、昔の彼と再会して恋心が再燃したら？　それも素敵ね。列車で隣の席が空いていると、もし彼が乗ってきたら……なんて考えてしまいます。

昔の恋や好きだった人の思い出を、無理に忘れようとしたり、相手に忘れさせたりするのは野暮ってもんです。

そういうのがあるからこそ、人間なんですから。

クラス会に行くようになったら、「堕落」

――定年になって時間ができると、クラス会に参加するという人も多くなります。せめて死ぬまでに一度ぐらいは、クラス会に参加した方がいいですよね？

私、友達少ないんです。学生時代の親友が二、三人いる程度。たくさんの友達を持つの、はっきり言って好きじゃないの。

そもそも友達なんて一人か二人いれば十分でしょ？　友達がたくさんいるのがいいみたいに言われるけど、たくさんの友達がいるってことは友達が一人もいないのと同じことだもの。

こんな感じだから、クラス会なんてものもほとんど行ったことがありません。「来てくれ」ってお声がかかることもあるけど、ほとんど行ったことないです。

だってあそこに行って何を話すの？　子どもや孫の話？　私は子どもも孫もい

ないからそんな話できない。子どもや孫の自慢話を聞かされるなんて、考えただけで憂鬱になっちゃう。

もちろん、行きたい人は行けばいいんです。人に「行くな」って強制する気はさらさらないの。でも、私自身は行かない。行くようになったら堕落だと思ってます。

ただ、親しい人との集まりは行きます。自分で「集まろう」って声をかけることもあります。

たとえば、大学時代からの友人の黒田夏子《くろだなつこ》さんが芥川賞《あくたがわしょう》を受賞した時、親しい人に声をかけてお祝いをしました。翌年は、黒田さんが私のために集まりを開いてくれました。

こういうふうに、何らかの目的で集まるならいいんです。目的がはっきりしていれば、話すこともできるし聞くこともできる。目的もなく「旧交を温めましょう」なんて集まるのより、話が盛り上がって楽しいですから。

そういう意味でいえば、クラス会も目的があるなら楽しいかもしれないわね。お世話になった先生に会いたいとか、昔好きだった人に会ってみたいとか。

よくクラス会で会って昔の恋が再燃したって話を聞きますけど、それはそれでいいと思う。恋が生まれたり付き合いが始まったりするのは悪くないと思います。

でも、目的もなくそういう場に行ったら、やっぱり気を使って笑顔で取り繕わないといけないでしょ？　興味がないから、話題が合わないからって、ずっと黙っていたりツンケンした態度を取るわけにいかないでしょ？

だから目的のない集まりは苦手。何を話題にすればいいかわからないし、器用に世間話もできないし。

それにしても、みんなよく世間話ができるわよね。世間話って、どうやってするの？　そもそも世間話って何？　当たり障りのない、どうでもいいような話が世間話？　そんなもの、何の意味があるの？

いや、何もバカにする気はないんです。自分が興味のある話しかできない私にとって、世間話を必要とされる場は疎外感を感じるの。

だから同窓会には、行かないことにしているんです。

「褒めそやされる集まり」なんて、気持ち悪い

——クラス会や習い事の集まりに出ると、互いにヨイショしなければならないこともあります。正直疲れますけど、こういうことは死ぬまでやり続けなければいけないのでしょうか？

出版業界では、担当編集者を集めてパーティーをやるっていう作家が結構います。新刊を出すたびに出版記念会をするっていう人も少なくありません。

でも、私はそういうの苦手です。

駆け出しの頃は、私もやってもらってました。

若い頃はよくわからなくて、本が出ると嬉しくて、編集者に言われるまま出版記念会やサイン会みたいなのを開いて、友達を呼んだりもしてました。

でも、だんだん思うようになったの。「いちいち呼ばれるのは迷惑だろうな、こんな集まりに招かれても楽しくないだろうな」って。

まあ、そういう会を催すのは本を売るためでもあるから、絶対にやらないとは言いませんけど、少なくとも自分からやりたいとは思わなくなりましたよね。

一度、ある出版社の社長さんが、私の本がヒットしたお祝いに出版記念会をやろうと言ってくださったの。

私はお断りしたんだけど、「そんなこと言わずにやりましょう」と言われたので、「それなら私のお祝いでなく、みんなが楽しめる会をやりましょう」ってお願いしました。

で、屋形船を借り切って、いろいろな出版社の人をお呼びして、落語を聞きながらお酒を飲んでご飯を食べるという集まりにしたんです。どうせやるならおもしろいこと、人がやらないようなことをした方が楽しいかなと思って。

この催しは本当に楽しかった。それぞれがざっくばらんに語らって、飲んで食べて盛り上がって。こういうみんなで盛り上がれる集まりなら、喜んで参加したいって思うんですけどね。

そもそも私、自分の祝い事のために会場を借り切って人を呼んでパーティーをするの、ものすごく苦手なの。だから結婚式も披露宴もしなかった。みんなに囲まれて褒めそやされて、あんなに気持ち悪いことってないじゃないですか。

『思へばこの世は仮の宿』（一九八四年、講談社）っていうノンフィクションを出した時、親しかった映画監督の大島渚《おおしまなぎさ》さんが「お祝いをしよう」って出版記念会をやってくださいました。司会まで引き受けてくださって。

一応、喜んでお受けしたんですよ。二〇〇人以上が日比谷《ひびや》公園の松本楼《まつもとろう》に集まりました。ありがたいと思わないわけがありません。

でも、ほとんどの方は褒めることしかしないの。

「そんなに褒めるような本じゃない」って自分でわかってたから、正直違和感を覚えずにはいられなかった。

褒められるのは嬉しいけど、褒めそやされるって、やっぱり気持ち悪いな。

お世辞より、辛口批評の方がありがたい

――年をとると、耳の痛いことを聞きたくなくなります。そういうことを言ってくれる人も少なくなります。耳の痛いことなんか、言わなくてもいいし聞かなくてもいいのでしょうか？

『思へばこの世は仮の宿』の出版パーティーの時、たった一人だけ、褒めそやすようなスピーチをしなかった人がいました。

ノンフィクション作家の澤地久枝《さわちひさえ》さんです。

澤地さんは他の人が褒めそやすスピーチをする中、きっぱりと「ここはこういうふうにした方がいいと思う」と鋭い指摘をしてくれました。

これを聞いた友人は「お祝いの席で、何もあんな意地悪を言わなくてもいいのに」と憤慨していましたが、私はそんなことないって言ったんです。

「こういう場で本当のことを言ってくれる人はなかなかいない。お世辞なんか言われるより辛口な批評をもらうのが嬉しいのよ」って。

だって、あんな話をしてくれたのは澤地さんだけだったし、スピーチの内容を覚えているのも澤地さんだけ。私にとって、彼女の話はそのくらい身にしみてありがたかったんです。

もちろん、痛いところを突かれればそれなりにショックですよ。辛口なことを言われても、平気でいられると言ったら嘘《うそ》になるかもしれません。

だけど、澤地さんはあえて言ってくれた。適当にお世辞を言っておいたって構わないものを、面と向かって本当のことを言ってくれた。物書きにとってこんなに嬉しいことってありませんよ。

それにしても、つくづく思うわよね。世間がいかにお世辞と嘘で固まっているか。だって、辛口なことをストレートに言うと非難されるんだもの。本当のことを言ってもらった方が、ずっと本人のためになるってこともあるのにね。

というわけで、お気持ちはありがたかったけれど、お世辞や嘘を言わなきゃいけないような会は、やらないって決めました。

「浅く広く」より「深く狭く」付き合いたい

――定年をきっかけに交友関係を見つめ直す人もいます。人間関係は浅く広く付き合う方が、面倒臭いこともなく気軽にやっていける気がするのですが。

私は人と付き合う時は深く付き合います。通り一遍の付き合いっていう人はほとんどいません。「浅く広く」より「深く狭く」付き合う方が、性に合ってるんです。

友達付き合いだけでなく、仕事での付き合いもそう。その場限りで「ハイ、サヨナラ」っていうのはつまらないし、どうも好きになれないの。

たとえばテレビの仕事なんてのは、本当にあっけないですよ。ある番組に出てほしいと言われて、プロデューサーに会うでしょ。で、現場に行って何かコメントするでしょ。で、私の出演部分が終わると、「車をご用意してあります」って言われて、それでおしまい。

まあ、テレビの収録っていうのはそういうものなんでしょうし、忙しいから効率重視でいきたいっていうのもわからなくはないです。

でも、番組そのものが終わらないうちに、プロデューサーやスタッフともろくに話さないまま終わっちゃうなんて、あまりにもそっけなさすぎる。こういうのは、人間どうしの付き合いとはいえないんじゃないかしら。

それに比べると、やっぱり活字の仕事はいいですよ。

本でも新聞でも、一度出会った方は何度か来てくださいます。

特に本の場合は、出来上がりまで半年、一年とかかりますから、長く付き合う分親密になります。次のご縁も生まれやすくなります。実際長いお付き合いになって、親戚みたいになっている編集者も何人かいますしね。

活字っていうのはそれだけ深みがあって、本物のコミュニケーションをつくってくれるもののような気がします。

仕事の原稿は「手書き」に限る

——現代は何をするにも「スマホ」「パソコン」です。ＩＴを使いこなせないことに不安を感じている人も少なくないと思うのですが。


私は原稿を書く時は全部手書きです。

パソコンができないから……じゃないのよ。原稿以外ならパソコンも使います。スマホも使います。事務的なことはそれでいいんです。

でも、原稿だけは手書きじゃないとダメ、絶対に。パソコンで書くと、文章が違ってきちゃうんですよ。

で、書き出したら一気に書き上げます。書き上げた文章はほとんど直しません。だから出来上がるまでそれほど時間もかかりません。

その代わり、書き始めるまではすごく時間がかかります。ものすごく考えるか

みたり。

机の前にじっと座って考えるんじゃないのよ。散歩してみたり、何か食べてみたり、ソファに寝転がって本や雑誌を眺めてみたり。

はたから見たら遊んでいるようにしか見えないかもしれないけど、じつは頭の中ではものすごく考えてるの。ものを書く時って、この時間が一番大事。ここでしっかり考えているから、一気に書き上げられるんです。

みんな、簡単に直せて便利だからパソコンを使うんでしょ？　でも、「後で直せばいいや」って思って書いていると直す癖がついちゃう。直す癖がつくと、文章の勢いがなくなっちゃう。文章って勢いとかテンポがとても大事だと思うんです。

私の場合、新聞や雑誌だけでなく単行本も手書きで書きます。

二百字詰め原稿用紙を使って、ざっと三百枚から四百枚。ものすごい分量になりますから、担当編集者にもびっくりされるの。「こんなに大量の原稿、見たこともありません！」って。

「もう二度と書けないから、すぐにコピーを取って送り返してください」ってお願いするんですけど、私が書き下ろした原稿は全部こんな感じ。パソコン原稿に慣れた人にすれば、そりゃ面食らっちゃうわよね（笑）。

でも、手書きってじつは便利なのよ。紙と鉛筆かボールペンさえあれば、いつでもどこでも書けちゃうから。パソコンがないと書けないなんていうんじゃ、そもそも物書きは務まりません。

「作家は万年筆や原稿用紙にもこだわるんじゃないか」と思う人もいるかもしれませんけど、私は一切こだわりません。

万年筆でもボールペンでも鉛筆でも、なんでもいい。一番好きなのは濃いめの柔らかい鉛筆なんですけど、それだと消えてしまう恐れもあるのでボールペンを使っています。

原稿用紙も、家にいる時は使いますけど、外にいる時はそのへんにある紙を使うこともあります。適当に線を書いて原稿用紙にして、そこに書くんです。

自分の頭と紙と鉛筆さえあればいい。物書きとして、常にそういう状態にしておきたいと思っています。

予定調和で書くものなんて、つまらない

――ものを書いたり絵を描いたり、自己表現を楽しみたい人もいます。文章を書く場合、どういう点に気をつけるといいのでしょう?

私ね、文章を書く時、自分をギリギリまで追い詰めないと書けないの。「失敗は許されない。これで終わりよ」って自分に言い聞かせないと始まらない。私にとって文章を書くことは「生本番」なんです。

これはたぶん、私が放送屋だったからでしょうね。

私が放送局に勤めていた当時は、今と違ってどの番組も生が当たり前。今のように「編集で直せばいい」という考えがなかったから、念入りに準備した上で収録に臨んでました。

すごい緊張感だったけど、私はこの緊張感がとても好き。テレビもラジオも、

生本番が一番好きでした。

原稿を書くのも同じ感覚。一発勝負でビシッと決める。

だから「たくさん書いて後で直せばいい」なんて考えたこともありません。「後で直せばいい」って思うと、たぶん何も書けなくなっちゃう。

「これが本番、これが最後」って言い聞かせてようやく捻《ひね》り出せる。本物の言葉っていうのは、そういうふうに出てくるものなんじゃないでしょうか。

そりゃ、書き物によっては資料が必要なこともあります。じっくり調べ物をしないと書けないという原稿もあります。

でも、その都度資料を見ながら書こうとしても絶対にうまくいきません。どうしてかっていうと、そっちにとらわれちゃって、書く勢いが削《そ》がれるから。

そうやって書いたものって、後で読んでみるとちっともおもしろくないの。いくら情報を詰め込んでも、自分の中で消化できていないと読み応えが全然ない。

だからおもしろいものを書こうと思ったら、資料も納得いくまで読み込んで頭の中で整理をつけてからでないとダメ。

いくら資料があったところで、自分なりにしっかり整理がついていなければ、自分の言葉として表現することはできないんですよ。

言葉っていうのは、決断です。一語一句、書く直前にどう書くのかを決めていく作業なんです。

もちろん、いざ書いてみたら、頭の中で考えてたのと違う言葉が飛び出すこともありますよ。そのせいで、書き出しと流れが変わることもあります。書き始めたら全然違う方向に行っちゃったってこともあります。

でも、それはそれでいい。おもしろくなればそれでいいの。

最初から何もかもが出来上がってて、予定調和で進んでいく原稿なんておもしろくもなんともないもの。

文章っていうのは自由闊達《じゆうかったつ》に、勢いよく流れに乗っていくのが大事なんです。

ものを書くということは、人に想《おも》いを伝えていくということ

——自己表現の方法として、何かを書き残したいという人は大勢います。ものを書くにあたって、もっとも大事なことは何でしょうか？


「自分を表現したい」っていうのは、誰しもありますよね。

自分のことを知ってほしい。わかってほしい。認めてほしい。

それが自己表現というもので、私も最初のうちは「自己表現のために文章を書くんだ」と思っていたの。

でも『家族という病』を出した頃から、「そうじゃない、自己表現というのは想いを伝えていくことに意味があるんだ」と思うようになりました。

だって、見ず知らずの読者の方が「あの本を読んで肩の荷が下りました」って、

涙を流しながら言ってくださって。その時、思ったんです。

「ああ、そうか。想いというのはこういうふうに伝わっていくのか。書くということは想いが伝わるということなんだ。書く意味はここにあるんだ」って。

それがわかった時の嬉しさといったらないですよ。

以来、ものを書いたり人前で喋《しゃべ》ったりする時は、「たった一人にでもいい。自分の想いを一生懸命伝えよう」と思うようになりました。ま、そんなこと忘れて喋っちゃってる時もありますけどね（笑）。

何しろ言えるのは、誰でも想いを伝えられるし、受け止めることができるってこと。読書だって、書いた人の想いを読み取っているってことでしょ？　手書きかそうでないかに関わりなく、想いを伝えるにはやっぱり文字がいいんですよ。

なんなら、紙媒体だけでなくメールやSNSだっていいと思います。

私が教えているエッセイ教室の生徒さんたちは、メール俳句っていうのをやってて、五七五の中で想いを伝え合うっていうのをやってます。初めはみんなイマイチだったけど、どんどん上手になってますよ。

でね、そうやって作った俳句を、ある程度の分量になったらまとめて紙に印刷して見てみるの。そうするとね、全然違うの。みんなの想いがぐっとくるの。
想いを紙に記してみるのって、やっぱりいいもんですよ。

第五章　不良老年は、「本物」をとことん追求する

年をとったら、男も女も綺麗《きれい》であれ

——年をとると身なりに無頓着になる人が多い気がします。どうせあとは死ぬだけなんだから、おしゃれになんか気を使うのは無意味でしょうか？

おしゃれは大事です。本当に大事。特に年をとったら、若い時以上に気を使うべきだと思います。

だって、若い時はそのままで綺麗でしょ？　何もしなくたって、若さだけで十分綺麗に見える。多少おかしな格好してたって、若ければ可愛《かわい》いで許されちゃうこともあるじゃない？

でも、年をとったらそうはいかない。いい加減な格好したりくたびれたものを着てたりしたら、本当、醜く見えますよ。

たとえば、街中を歩いている年寄り。みんなくすんだような色ばかり着てるじゃない？　旅先なんかで見かける団体も、リュック背負って渋い色のズボン穿《は》いて、みんな似たような格好して歩いている。

言っちゃなんですけど、こんな格好して歩いて何が楽しいんだろう？　見てても楽しくないって思っちゃう。

「みんなに合わせて無難な格好しておけばいいや」って考えてるのかしら？　そんなふうに適当に済ますんじゃなく、自分に似合う素敵な格好を、気合を入れて考えてほしいと思うんですけど。

特に、男はひどいわね。男の何のお構いもなしっていうのは、本当にどうしようもない。「ボロは着てても心は錦」っていうけど、せめてサマになるボロを着てほしいわよね。

手前味噌《てまえみそ》ですけど、うちの連れ合いはそのへんはちゃんとしてます。私以上に身なりには気を使ってます。

前にも言いましたけど、うちでご飯を食べる時だって、「ジャージやスウェットはダメ。きちんとした格好しろ」ってうるさいんですから。

そういう人ですから、二人で外出する時も、文句を言いたくなるような服装はしません。そこはすごく助かってる。いちいち言わなくても、わきまえた格好をしてくれますから。

ちなみに、私は「色」がすごく気になるの。一緒に出かける時、相手の服装の色と自分の色が合わないと我慢できない。レストランで食事してても不愉快になっちゃいます。

だって、色が合わないとお互いが醜く見えません？　たとえば自分は暖色で相手は寒色とか、相手はダークトーンなのに自分は明るい花柄だと、どこかちぐはぐに見えてみっともない。

だから一緒に出かける時は、必ず相手の服装の色を確かめます。「今日は何色？」って聞いてから自分の服装を考えます。

誰かと連れ立って歩くなら、お互いを引き立て合う格好を考えてみる。おしゃれって、ただ着飾るんじゃなくて、そういうバランス感覚も大事だと思います。

おしゃれの真髄は「清潔」かつ「シンプル」

――できれば素敵なお年寄りになりたいです。おしゃれをする時、どんなことに気をつけたらいいでしょう？

おしゃれっていうのは、「シンプルイズベスト」。周りを見渡してみても、センスのいい人って、みんなシンプルでしょ？

センスがいいということは、無駄なものを取り去るということ。ゴテゴテ飾らず、無地か、せいぜいストライプやチェックをさらっと着るくらいが、おしゃれの基本ということになるんじゃないかしら。

よくシニア女性が花柄を着ているのを見かけますけど、はっきり言って私はあまり好きじゃありません。

スカーフとか、ちょっとした小物なんかに使うのはいいですけど、花柄が主役になるようなワンピースやブラウスは私なら絶対に着ません。

だって、年をとって中身はだんだんしおれていくわけでしょ。そこに花柄を身につけるって、どう考えても不釣り合いじゃない？

年をとって花柄のような派手なものを着るっていうのは、自分の中身を目立たせてしまうというか、かえって老いを際立たせてしまうというか、あまりオススメできない気がするのよね。

中には動物柄とか幾何学柄とか、ものすごく目立つ柄物を着ている人もいますけど、あれもやっぱりダメだと思う。なんていうか、清潔感がない。清潔感がないと、やっぱり美しくありませんよ。

ただ、おしゃれは自己表現でもありますから、理屈抜きに好きなものを着るのも大事だと思います。

私は流行を追うより、自分の好きなものを長く着ていたい。だから手持ちの服は何十年も経《た》ったものが多いです。洋服の数もそれほど多くはありません。

でも、毎日違う格好をしていますし、その日に何を着るかはよーく考えます。おしゃれについて考えるの、大好きですから。

特に、人と会う時や仕事で出かける時は、それはもう一生懸命考えます。その日、その場にあった服を着ていないと、ものすごく気持ちが悪くて、逃げて帰りたくなっちゃう。服装に関しては、そのくらい神経質なんです。

と言っても、値段やブランドへのこだわりはありません。自分の好みや感性に合っていれば、大量生産の商品でも気にせず着ます。

たとえばユニクロとか、私は大好き。ヒートテックとか機能も悪くないけど、何より色で勝負しているところがいい。いろんな商品を出してるけど、ユニクロは無地の色物が多いでしょ？

それに、あそこはＣＭのセンスがいいじゃない？　最初に見た時、「あ、これはいける」って思いましたもん。あのＣＭからもわかるように、おしゃれってやっぱりシンプルなんですよ。

年をとったら、モノクロやベージュなんかをスカーフやアクセサリーでアクセントをつけてさらっと着こなせる、そんなおしゃれを目指したいわね。

普段着にこそ、こだわろう

――モノクロやベージュの服ばかりという人は多いと思います。でも、こういう色合いって地味じゃありませんか？　ますます年寄り臭く見えませんか？

おしゃれなものって、概ね地味ですよ。

地味なんだけど、それをシックに着こなせるか。じじむさく、ババ臭くならずに着られるかどうかが大事なんだけど、日本人にとってはこれが結構むずかしいのよね。

この前、競馬のジャパンカップに行った時、すごく素敵な女性を見かけたの。おそらくスポンサーのＣＥＯの奥様だと思うんだけど、綺麗な女を久しぶりに見たなあって、ちょっと感動しちゃった。

外国人ですよ。フランス人かな。白のブラウスの上に濃紺のコートを羽織ってて、本当シンプルでさりげないのに、品が良くてとても美しいの。

周囲にはモデルらしき華やかな女たちもたくさんいましたよ。でもね、その女性に比べたら全然見劣りするの。みんな背が高くて容姿はいいけど、なんの感情もない人形みたいで、感じさせるものがまるでない。

やっぱり生き方そのものがおしゃれにも表れるのかしらね。モデルとは全然違う、ハッと目を引くような存在感を感じさせる着こなし。あんなふうに洋服が着られたら本当に素敵だなって思います。

ああいう着こなしができる人って、たぶん日常生活でもおしゃれなのよね。おしゃれっていっても、気取った生活をしているっていうんじゃありませんよ。普段からさりげなく気持ちよく暮らしたいっていう意識が身についてて、それがよそ行きの服装にも滲《にじ》み出てるっていうのかしら。

「いかにもおしゃれしてきました」感がないっていうのは、そのおしゃれがその人自身のものになっているということ。そうなるには、その日だけ取って付けたようにおしゃれするんじゃなく、普段どう暮らしているかってことが大事なのよね。

日本には「よそ行き」って言葉があって、普段着よりよそ行きの方が大事という風潮があるけど、本当はそうじゃないと思う。

だって普段の方が長くて、普段がその人自身を作り上げていくわけでしょ。だからおしゃれでもなんでも、よそ行きより普段どうしているのかが大事なのよ。

たとえば着物もね、今の人が成人式に着るような派手な振袖より、普段着として用いられてきた結城《ゆうき》のような紬《つむぎ》が本来の着物なんだって思いますよ。

申し訳ないけどね、みんながよく着てる振袖、あれは安物です。本当の着物っていうのは、人の手で一つ一つ丁寧に織り上げたもの。そういうものはね、高いんです。一見地味だけど手間ひまがかかっているぶん、ものすごく高いの。

本来普段着だったはずのものが高価だなんて、なんだか皮肉な話だけど、着物を着るならそういうものを何気なく着こなせるようになりたいわよね。

いずれにしても、身についていないおしゃれほど格好悪いものはないと思う。だからおしゃれになりたいって思うなら、よそ行きに気を使うんじゃなく、毎日の普段着にこそこだわるのが大事なんじゃないかしら。

着なれない着物はダサく見える

――日本人のたしなみとしてやっぱり着物を着こなせた方がいいですか？　年をとったら和服で過ごすのも悪くないと思うのですが。

年をとるとね、着物はしんどいです。つくづく思うけど、洋服の方がいい。最近では和服より洋服の方が似合うかなって気もしてます。

若い頃はね、私もよく着てたの。うちは母が着物好きだったから。学生の頃はうちに帰ると着物を着てました。だから、着物はわりと着なれてはいたんですよ。でも、仕事が仕事でしょ。あちこち回って取材したり打ち合わせしたりするのに、着物は動きにくい。

で、自然と洋服の方が多くなって、着物をほとんど着なくなっちゃった。そしたらね、着物を着こなすのがしんどくなってきたんですよ。

何年か前までは意識して着るようにもしてましたけど、客観的に見て「なんだか似合わないな。不自然だな」って思うようになったの。

佐藤愛子《さとうあいこ》さんもね、おっしゃってた。「五十代から着なれておかないと、着物は無理よ」って。

本当にその通りで、着なれていない人が着ると着物は大袈裟《おおげさ》に見える。突然着るのはやっぱり良くない。着こなしていないと着物の方が目立っちゃって、着ている本人より着物の方が先に来ちゃうのよ。

愛子さんの姿を見るとよくわかる。愛子さんが着物を着ると、着物より愛子さんの方が先に来るでしょ。

こういう人だと着物姿がサマになるんだけど、着なれない人だと着物に着られちゃって、どんなにいい着物を着てもかえってダサく見えるんですよ。

だからね、着物っていうのは背伸びして着る必要はないと思う。

昔とは時代が変わってきて、洋服の方が素敵に見える世の中になったんだから。着なれないものでがんばっておしゃれするより、自然に着こなせるものでおしゃれした方がいいんですよ。

ま、浴衣くらいなら気軽に着られるかもしれませんけど、最近はヘンな浴衣、増えてきましたよね。やたらと色がついた、安っぽい柄の浴衣。

京都でもよく見かけますよ。貸し衣装みたいな浴衣着て、外国人観光客みたいにフラフラ歩いている人。はっきり言ってあれは日本人として見苦しいと思う。京都市が禁止すべきだと思いますよ。

浴衣っていうのは、やっぱり藍と白。それが一番美しいです。日本の庶民の色である藍を、もっと大事にしたらいいと思います。

そういえば、東京オリンピックのシンボルマークは藍と白でしたよね。あれはいいと思う。地味だけど、日本らしくてとてもいい。

東京オリンピックっていうのは、言い換えれば江戸オリンピックということなんです。東京はもともとは江戸だから。

江戸の庶民の色は藍と白。だからあのシンボルマークは地味だけど、日本らしい美しさを感じさせる、とてもいいデザインだと思います。

「老いて醜い自分」から目を背けない

――年をとると鏡を見るのが憂鬱になります。なるべくなら老けていく自分を見たくない人も多いです。現実をどう受け止めたらいいのでしょうか？

確かに、鏡って残酷よね。私にも覚えがあります。

空港のロビーで、ふと脇を見たら背中を丸めた年寄り臭い女がいて、「なんて醜いの！」って思ったら、ガラスに映った自分だったりして。こういうの、本当悲しくなっちゃうわよね。

でも、だからって目を背けたりしちゃダメです。醜い自分もちゃんと見るの。でね、「こりゃひどいな」って思ったら、どうすれば綺麗になるか一生懸命考えるんです。

醜い自分を直視するのはしんどいけど、どうすればいいか考えるのって案外楽しいのよ。だから老化防止のために、家のリビングに大きな鏡を置いてみたらどうかしら。

うちもリビングの片方の壁一面に鏡を張ってあります。四十代後半に習い始めたバレエのレッスンのために張ったんだけど、今はもっぱら自分の姿勢をチェックするのに使ってます。

鏡があるところは、ちょうどリビングダイニングになってて、食事している姿がはっきり映るの。だから食事のたびに、食べる姿をチェックするようにしているんです。

背中をかがめて食べていないか、足はちゃんと所定の位置にあるか。それだけでも背筋がピンとして姿勢がよくなって、「まだまだ捨てたもんじゃないな」って思えてきますよ。

確か、作家の桐島洋子《きりしまようこ》さんも同じことを書いていました。

リビングを鏡張りにしたら、台所から料理を持った茶色いおばさんがひょこひょこ出てきた。よく見たら自分だった。本当にがっかりして、それ以来自分の姿勢や歩き方に気をくばるようになったって。

だからね、年をとったらおしゃれするためじゃなく、普段の自分をきちんと見て、姿勢を保つために鏡を使うといいと思います。

そういえば日本人って、欧米人に比べて背中が丸くなりやすいらしいです。生活習慣や文化の違いからなんでしょうけど、背中が丸くなると本当に年をとって見える。相当素敵な人でも、背中が丸いせいで老けて見える人って意外と多いですよね。

私は仕事柄人前に出ることが多いでしょ。年をとったとか老けて醜くなったとか言われたくないから、姿勢に関してはできるだけ気をつけるようにしていますし、バレエをやっていたおかげで年齢のわりに姿勢はいい方だと思います。

バレエではバーレッスンをする時、「肩を下げて」「できるだけ下げて」って、指導されるんです。

最初は気づかなかったけど、肩を下げると自然に姿勢がよくなるの。背中が丸くなってきたなって思ったら、みなさんもぜひ試してみて。

「合わせる」より「作り出す」に価値がある

——五十歳目前でバレエを習い始めたのですか。すごいです。若い時分ならともかく、年がいってから新しいことを始めるって勇気がいります。

バレエはね、四十八から六十まで、十年以上やりました。

そんな年でクラシックバレエを始める人なんて、もちろん当時はいませんでしたよ。珍しかったからか、マスコミもこぞって取材に来たりしてました。「その年でよくやるわね」「勇気があるわ」っていう人もいたけど、私は全然恥ずかしくなかったし、気にもしませんでした。バレエが好きだったし、やってみたいと思ってましたから。

もともと体は柔らかい方なの。開脚して床にペタンと前屈もできる。周りからはよく「ゴム人形みたい」って言われたりしてます（笑）。身体的にはバレエに向いていないこともなかったのよね。

それに、私は学生時代からずっと声楽をやっていたから、バレエを踊るのは全然苦じゃなかった。あまり知られていないと思うけど、バレエやダンスって、音楽がわかっていないとダメ。踊りってね、要は音楽なんですよ。

フィギュアスケートなんかもそう。音楽が体に入っているかそうでないかで、演技の美しさが断然変わってくる。

いくら技術があっても、音楽に合わせて滑っているだけじゃダメ。音楽が体に入ってて、音を連れてこられるような滑りでないと、素晴らしい演技とはいえないと思うんですよ。

日本人選手でいえば、羽生結弦《はにゅうゆづる》さんは音を連れてこられる人ね。女では韓国のキム・ヨナさん。私の見る限り、日本人でこういう演技ができる人は珍しい。残念だけど、日本人選手って技術は達者でも、音楽がわかっていない人が結構多いんですよ。

思うに、日本人は「合わせる」のが得意で、「作る」のは苦手なのよね。

だから、フィギュアスケートも自分で音を作るより合わせる方に意識がいっちゃう。「合わせないといけない」って、無意識に思っちゃってるんじゃないかしら。

そもそも考えてみれば、フィギュアだけじゃなく学校で教わるのもそうだし、ファッションや食べるものだってそうよね。

みんな、流行《はや》っているものに飛びついて、それに合わせようとする。本当は合わせるより、作る方が楽しいし数倍価値があると思うんですけど。

たとえばヨーロッパのサッカーとか、日本人の「合わせる」ようなプレイと違って、クリエイティブで躍動的で、本当におもしろいですよ。

なんていうか、みんな自分で考えてプレイしてるのよね。「サッカーはこういうものだ」っていう頭でやるんじゃなくて、自分でどんどんプレイを作っていく。個々のプレイが見事なチームワークを作ってるっていうのかしら。

こういうのを見ていると、やっぱり「合わせる」より「作る」がおもしろいってしみじみ思う。

何かお手本があって合わせるんじゃなく、何事も自分が先にいなきゃね、おもしろいものは生まれないんですよ。

安室奈美恵《あむろなみえ》のように、毅然《きぜん》とありたい

――クリエイティブに我が道を生きるって、なかなかむずかしいです。忖度《そんたく》や空気を読むのは得意でも、毅然と我が道を生きられる日本人は少ないです。

数少ないですけど、日本にもいますよ。「合わせる」より「作る」ができる人。たとえば、二〇一九年に引退したイチロー選手。引退会見の中で「(野球は)本来は頭を使わないとできない競技だ」って言ってましたよね。

彼は多くの日本人に愛されたけれど、それは単に素晴らしい記録を打ち立てたからじゃなく、自分の頭で考えて、作っていく野球ができる人だったからじゃないかしら。

イチロー選手がクリエイティブなのは、彼の言葉からもわかるわよね。

マスコミ嫌いだっていわれてたけど、引退会見では長い時間をかけて、一つ一

つ自分の言葉で丁寧に答えてた。時折「僕、おかしなこと言ってます？」って振り返りながら、笑いを交えて。

イチローらしいユニークな会見だったけど、やっぱり一時代を築いた人は毅然としてる。傲《おご》らず偉ぶらず、人として立派だなあって思いますよね。

あと、毅然として時代を背負っているといえば、何といっても安室奈美恵よね。平成という時代は彼女で表されるといっても過言じゃない。そのくらい、安室奈美恵は平成という時代を作ってきた人だと思います。

何しろ、安室奈美恵はほとんどテレビに出ないでしょ？　おまけにステージでもほとんど語らず、ひたすら歌い踊り続けるというのだからすごい！　これぞまさにアーティストの鑑《かがみ》ですよ。

最後の紅白に出場した時なんて、圧巻でした。媚《こび》を売るような歌い方をする歌手が多い中、純白のシンプルな衣装に身を包んで、堂々と『Hero』を熱唱して。もう本当に美しくて感動しましたよ。

最近は誰でもアイドルになれるような時代で、愛想を振りまいて媚《こ》びるような歌手やタレントが多いけど、ああいうの、はっきり言って私は一番嫌い。

芸能界ってところは、やむを得ず媚を売らなければいけないこともあるんでしょうけど、自分の魂まで売り渡すようなことしちゃいけません。

実際、どんな世界でも認められるのは、媚を売る人より毅然としている人じゃない？　山口百恵《やまぐちももえ》なんて、ニコリともせずに毅然と歌って、「馬鹿にしないでよ」で大人気でしょ。文句なしにしびれちゃいますよね。

私の世代では、やっぱり美空《みそら》ひばりが別格ね。

彼女は戦後という時代を背負ってた。歌うことを通して昭和の日本という国を背負ってたと言ってもいい。彼女がすごいのは、ただ歌がうまいだけじゃなく、時代を背負って切り拓《ひら》いていく潔さがあったからだと思うのよね。

もっとも、ひばりさんは歌唱力も抜きん出てましたけどね。指揮者の岩城宏之《いわきひろゆき》さんが言ってらしたけど、ひばりさんはオペラを歌わせてもすごいっていうんですから。

彼、彼女たちはある意味孤高の人。毅然としている人は好きです。私自身も、できればそうありたいと思っています。

本物を極める人は、人を寄せ付けない

——我が道を行くと、人とぶつかることも多いのではないかと思います。本物を極めることは、つらいことではないのでしょうか?


本物を極める人って、孤独な人が多いわよね。ファンはいっぱいいるんだけど、なぜか人とうまくいかない。

私の地唄舞の先生の、梅津貴昶《うめづたかあき》さんという方もそう。

あまり知られていないかもしれないけど、梅津さんは知る人ぞ知る日本舞踊の名手で、坂東玉三郎《ばんどうたまさぶろう》さんの振り付けなんかもやっていた方です。

当時連載していた雑誌のエッセイをきっかけに知り合ったんですけど、熱海《あたみ》の能楽堂で玉三郎さんと二人で踊ったのを初めて見た時、度肝を抜かれました。踊りがあまりに素晴らしくて。

だって、彼が踊っているとあの玉三郎さんがかすんじゃうんですよ。玉三郎さんは綺麗に扮装《ふんそう》してて、梅津さんは素踊りで全く扮装していないのに。そのくらい梅津さんの踊りは立っていたのよ。

でね、あまりに感動したので、私ダメもとで言ってみたんです。「踊りの勉強をしたいのですが……」って。

ちょうどその頃、私は地唄舞を習いたいと思って先生を探していてね。西洋音楽は体に入っているけど日本の音楽がわかっていない。いい先生がいないかと探していたころだったから、もうこの人しかいないと思ったのよね。

そしたら気さくに「どうぞどうぞ、いらっしゃい」って二つ返事で引き受けてくださって。「やった！」と思いましたけど、正直びっくりしましたよね。

だって、日本舞踊の名手に直接習うなんて、普通はありえないもの。

日本舞踊って、名取とかなんとか、組織立ってやるものでしょ？　でも、梅津さんは全くの個人でやっているの。舞台装置から衣装まで、すべて自分で選んで、自分で決めて。そんなの、日本舞踊の世界では異端ですよね。

だけど、異端だろうがなんだろうが、彼のセンスはとにかくいいの。踊りも衣装も、何もかも見たことないくらい素晴らしいの。あんなにセンスがよかったら、もう誰も口出しできないわよね。

たぶん、梅津さんは何もかもすべて自分でやらないと気が済まないから、結局人とうまくいかなくなっちゃうのね。

お弟子さんともうまくいかないから、後継者もいない。一応梅津流って流派はあるんだけど、そういう意味では、孤独かもしれませんよね。

でも、梅津さん、少しも淋《さび》しそうに見えないのよ。たまにご飯を一緒に食べたりしますけど、話が本当におもしろいの。踊り以外の見聞も深くて、あらゆるいいものを知ってて。

さすが一流は本物をよく知ってるって、梅津さんを見ててつくづく思う。本物をとことん追いかけて、いいものと付き合う人生を送ると、つらいどころか人生楽しいんじゃないかしら。

三、四年、脳梗塞をはじめずっと入退院をくり返し、やっと二〇一九年三月に歌舞伎座で「京鹿子娘道成寺《きょうがのこむすめどうじょうじ》」を踊ったんですが、踊りが彼を生かしたとしか思えませんね。

世間の評判より、自らの感覚を信じなさい

——せめて死ぬまでに「本物」や「一流」がわかる人になりたいです。どうすればそういう人に近づけますか？

一流になるっていうのは、当然簡単じゃない。本物を目指したくても、普通で終わってしまう方が現実的には多いですよ。

でも、それはそれでいいんです。大事なのは、本物とは何かがわかるってこと。それがいいものだとわかること。それがね、不良の条件なんです。

そのためにはまず、ものをよく見ないといけないわね。

演劇でも音楽でも、一つ一つをよく見る。数をたくさん見なくてもいい。いいものだけを見ればいいんです。

いいものっていうのはね、自分の感覚で見極めるの。「これはよさそうだな」

っていう感覚でいい。物事に対する感覚を研ぎ澄ますとね、自分なりの感覚ってものがだんだん育っていきますよ。

よく「誰それがいいって言ってたから」とか「有名な人が薦めていたから」で判断する人がいますけど、そういうのはダメ。人の評判を当てにしてたら、いつまでたってもいいものとは出会えません。

そりゃ、批評もある程度は役に立ちますよ。だけど、自分の感覚が先。自分の感覚を信じて、その感覚でいいものかどうかを判断することが大事なんです。

たとえば、最近シャーロット・ランプリング主演の『ともしび』という映画を観《み》ましてね。これ、地味な作品なんですけど。

人によっては「暗い」とか「意味がわからない」と思うかもしれないけれど、少なくとも私は観る人の心に訴えかける名作だと思う。

こんなふうに自分なりの感覚で見ることの繰り返しが、感覚や感性を養っていくと思うの。「人がどう言おうと私はいいと思う」っていう自分なりの感覚。そういう感覚が、本物かどうかを見分ける目になっていくんじゃないかしら。

年をとると不安が増して、人に合わせたり、よく思われなきゃいけないって思う人もいるみたいだけど、それは逆よ、逆。

年をとったらね、孤高でいいの。人に合わせる必要なんかないの。そんなことしてたら、息苦しくてしょうがないじゃない。

人の顔色見て過ごすなんて、そんな下らない時間の使い方はないわよ。そんなヒマがあったら、音楽を聴くなり本を読むなり、一人の時間を充実させて、いいと思うものを見つける方がよっぽど楽しいでしょ？

いいものを見極められるようになるにはね、やっぱり時間がかかります。毎日の生活の中で積み重ねていかないと、いいものは見えてこない。長い時間訓練が必要なのよ、本当の不良になるには。

本物をとことん探そうとすると、そうでないものには目が向かなくなる。年をとったら他人のことなんか気にしなくていいのよ。

私も何と言われてもね、今が一番自由ですもん。

第六章　不良老年は、自分の最期を楽しんで演出する

「死んでから別れる」なんて、もったいない

――高齢になって離婚する人が増えているといいます。若い頃と違って、精神的にも経済的にも大変なことが多いと思うのですが。

　私はね、離婚したいならした方がいいと思う。どんどんしていいと思う。年だから離婚できないなんて思うことないです。

　だって、不愉快な時間は一分でも減らすに限るでしょ。不愉快な人とはさっさと別れて一人を味わった方がいい。心ゆくまで孤独を味わって、悠々と死んだ方がいいじゃない。

　離婚したら経済的に困るって二の足を踏む人もいるみたいだけど、この時代、自分一人で食べていけないってことはないと思う。そりゃ、生活の質は落ちるかもしれないけど、死ぬまで嫌いな人と過ごすよりよっぽどマシじゃないですか。

「夫と同じ墓に入りたくないから、夫が死んでから別れる（離婚する）」っていう人もいますけど、そんなに憎み合ってるのにどうして別れないのかしら。

もったいないと思うのよ、死んでからやっとこさ別れるなんて。そんなの、生きているうちにすべきですよ。

こういう場合、おそらく「子どものため」とか「親のため」とかいうんでしょうけど、人のために別れないなんてこんな馬鹿な話ありません。自分のためにどうすべきかを考えなきゃ。結局それが子どもや親のためにもなるんですから。

そもそも子どもにとっちゃいい迷惑ですよ。「あなたのために」なんて言われたらかなわない。「あなたのせいで別れられなかった」って言われているようなもんでしょ？

自分の人生はね、自分で選んで、自分でやってきたって思えるのが一番なの。誰に何と言われたって、「自分の人生それほど悪くなかった」と思えればそれでいいんです。

孤独死しようと野垂れ死にしようと、自分でやってきた結果だって思えれば後悔なんてしません。後悔したり「こんなはずじゃなかった」と思うとしたら、何でも人のせいにして、自分で選んできていないからですよ。

自分で選ぶっていうのは、責任もリスクも伴います。面倒臭いこともある。だけど、人のせいで後悔することになるなんて嫌じゃない？　最期まで人のせいだと思って死んでいくなんてごめんですよ。

私は、今のところ離婚する予定はありません。絶対に別れないとは言い切れないけど、とりあえず自然体でいられるから、面倒な手続きをしてまで離婚しようとは思っていません。

ただ、連れ合いの姓のままで死ぬのは嫌です。

私は下重暁子で仕事をしてきたし、連れ合いに養ってもらったこともない。ずっと私個人として生きてきました。だから元の姓に戻して、「下重暁子」に戻って死ぬつもりです。選択制の夫婦別姓にならなければ、籍を抜くことも考えています。

お墓も、今のところは下重家のお墓に入るつもりです。連れ合いは連れ合いで、彼の家のお墓に入るんじゃないかな。向こうがどうしたいのかまだ聞いたことがないので、よくわかりませんけど。

「人の想《おも》い」は、たとえ死んでも消えたりしない

――死んだらすべてが終わりだと思いますか？　すべてが終わりだとしたら、人間の生死は無意味です。私たちは何のために生きて死んでいくのでしょう？

私ね、人は死んでも、人の想いだけは残ると思ってる。もちろん、形はなくなっちゃうわよ。でも、想いだけはそのへんに浮かんでいると思うの。

どういう形なのかはわかりませんよ。タンポポの綿毛のようなものかもしれないし、雲のような形で浮かんでいるのかもしれないし、あるいはお星様のような形で残るものかもしれない。

人の想いは形を変え姿を変えて、人の心の中に連綿と残されていく。そういう

ものだと思うんです。

たとえば歴史。歴史というものも、人の想いがつながってできた結果でしょ。女の歴史でいえば、私たちの時代は男尊女卑が当たり前で、女が男に対して意見を言えば「男に失礼だ」と一蹴された。結婚適齢期だなんだと、男に都合のいい価値観を押し付けられた。結婚にしても仕事にしても、女は本当に不自由な、肩身の狭い思いをさせられてきたんです。

でも、今は私たちの時代とは全然違う。男女同権とまではいかないけど、ずいぶん変わったじゃない？　結婚を強要される風潮もなくなったし、女も男と同じようにハツラツと働けるようになったし。といっても日本の女性の活躍度は世界中で下の方だけど。

こうなったのは、「女性も自由に、結婚も仕事も好きに選べるような世の中になってほしい」という多くの女性の想いがあったから。そういうみんなの想いが引き継がれて今という時代がある、ということだと思うんです。

もっとも今の世界を見渡せば、想いが必ずしもよい方にばかり引き継がれているとは言い切れません。大切に引き継がれてきた平和への想いを踏みにじるようなリーダーも現れていて、このままだと世界が壊れていくんじゃないかという懸念もある。この先どうなるか、本当にわかりませんよね。

だけど、だからこそ、個人的な想いだけでもいいものを引き継いでいきたいと思うんです。子どもがいれば子どもに、子どもが引き継いでくれなければ、自分の想いを引き継いでくれる人に。

私は本を書く時も講演で話す時も、心の中で祈っているんです。この中の一人でいい、私の語った中の一つでいいから、私の想いを覚えてくれている人がいたらそれで十分だって。

でなきゃ、何のためにものを書いたり喋《しゃべ》ったりしているのかって思うの。想いを伝えないんだったら、無駄じゃない。する必要ない。お金や時間をかけさせてまで人に集まってもらうのは、やっぱり想いを伝えていきたいという願いがあるからなんですよ。

歴史を作るとまではいかなくとも、世の中がちょっとでもよくなる方に想いをつないでいければいい。女の歴史が人々の想いをつないで少しずつよくなっていったように、そこに貢献できれば、私としても本望です。

本は理屈じゃなく「感性」で読め

――読書が趣味という高齢者も多いです。人生の終盤にかけて、本をたくさん読んだ方がいいですか？　読書とどう付き合うのがいいでしょう？

想いが伝わる媒体として、やっぱり本はいいわよね。

言霊っていうけど、本は想いが入りやすいし、伝わりやすい。人に想いを伝えるには本はうってつけだと思います。

年をとると目が悪くなるし、文字を読む気力も衰えてくるっていう人もいるかもしれませんけど、私はまだまだ平気。

私は読書を健康のバロメーターにしてるんです。一冊の本を一日で読めるかどうか。文字数によりますけど、今のところ、たいていの本なら読めます。読むスピードも速い方だと思います。

私の場合、仕事柄読書が習慣になっているからかもしれないけど、一日一冊なら読めないことはないんじゃないかしら。たぶん、年のせいで読書するのが億劫《おっくう》になっているだけだと思うんですけどね。

最近は高齢化社会だからって、年配者向けに文字を大きくするのはいいとしても、文字数を少なくしたりする向きもあるようだけど、そんなことしちゃダメだと思う。本を読むことで、頭がしっかりするってこともあると思うから。

実際、読書が健康長寿に役立つというデータもあるらしいじゃない？　運動や食事に気を使うのも大事だけど、読書はそれ以上に健康につながる行動なんですって。

本を読むと知的な刺激を受けるし、物事を深く考える力も養われる。読んでいるうちに過去の記憶が呼び覚まされることもあるから、物忘れも少なくなるんじゃないかっていうんです。

ただ、やっぱり本っていうのは、役立つからとかそういうんじゃなく、純粋に好きなものを読むのがいいわよね。

理屈じゃなく、感性で読む。その方が本に込められた想いがストレートに伝わって、読書を楽しめるような気がするんです。

まあ、読書の目的は人それぞれだから、好きに読んでいいんです。もっと知識を得たい、情報を取りにいきたい。だから本を読むっていう読み方もあっていいと思うけど、疲れないかしらね、そういう読み方。

私も仕事ならね、知識や情報を得るために読むってことはあります。しょうがなく読むというのもあります。

けど、知識や情報なんて、自分以外の誰かが持ってりゃいいじゃんって思うの。誰かしらが持っているものを今さら求めたって仕方がない。それより、これが好きっていう感性で読む方が何十倍もおもしろいと思うのよ。

たとえばね、私は泉鏡花《いずみきょうか》が好きでよく読むの。泉鏡花の世界ってね、誰も真似《まね》できない独特の世界観がある。摩訶不思議《まかふしぎ》で蠱惑的《こわくてき》で、すごくいい。ああいう怪しげなの、私大好きなんですよ。

誰もが簡単に読める作品というわけではないですけど、いいですよ。理屈抜きに好きな本があるって、幸せなことだと思います。

知識も成長もいらない、大事なのは感性を研ぎ澄ますこと

――世間には高齢者向けの「終活」情報が溢《あふ》れています。いい死に方をするためには、こういう知識や情報を頭に入れておくのも大事ですよね？

高齢化社会が進んだせいかしらね、最近は本でも雑誌でもテレビでも、老いや死を取り上げたものが本当に多いわよね。

どうすれば認知症にならないか、どうすればお金に困らないか、どうすれば孤独死せずに済むか。そのための知識やノウハウをたくさん持つのが何より大事だ、みたいな傾向が社会全体に漂っているような気がします。

でも、本当に大事なのはそういうものじゃないと思う。知識やノウハウをためることが最優先じゃない。

人間にとって一番大事なのは、その人なりの感性を持つことだと思うんです。知識なんていうものは、必要になったらどこかから引っ張ってくればいいんです。誰かがどこかで書いているんだから、それを調べて使えばいい。

対して感性というのは、どこかから引っ張ってくるというわけにはいきません。自分の中にしかない。自分の中にしか生まれない。自分の中でしか育たない。この自分にしかない感性が、最終的に自分を守り支えてくれると思うんです。

感性がなんだかよくわからないというなら、子どもの頃を思い出してみるといいと思います。

感性っていうのは子どもの時が一番強いの。子どもの頃何が好きでどんな子だったかを思い出せば、自分自身の感性が少しはわかるんじゃないかしら。

私ね、子どもの頃の感性を持ち続けている人が素晴らしい人だと思う。どんな経験を積んでも、感性を失わない人。お金だの何だのに惑わされず、感性に正直な人が人として一番だと思ってる。

私は、自分で言うのも何だけど、わりと子どもの頃の感性を忘れないでいる方だと思います。自分を褒めるとしたら、唯一それ。世間の知恵とか情報、評価とかいうものにあまり関心がないまま生きてきましたから。

まあ言い換えるならね、あまり成長していないのよ、私は。子どもの頃から本当成長していない。だけど、成長することで感性を失うのなら、成長なんかしなくていい。成長しないままできたことをむしろ誇りにさえ思います。

そもそも成長ってなんでしょうね？　世間では成長とか自分磨きとかが金科玉条のごとく言われますけど、成長ってそんなに大事ですか？

知識だの情報だので磨いたり化粧したりしたって、虚《むな》しいだけでしょ？　結局一時のことで気休めでしかない。外側を磨く自分磨きなんかよりね、自分の内面を深く知る方がずっと大事なのよ。

自分の内面を知るためにね、自分の底に降りていくの。自分がどんな人間か、嫌なところも全部見るの。自分の嫌な部分が蛇のようにとぐろを巻いているところも、目をそらさずに見る。それはある意味怖いことかもしれません。

でも、それも含めて自分を愛してやる。否定したり言い訳しないで受け入れてやる。それができれば、人間かなり強くなれるんじゃないかしらね。

見えるものばかりにしがみつくから、死が怖くなる

――死というものが無性に怖くなることがあります。死というものをどう受け止めればいいのでしょうか。

「死が怖い」ってやたら怯《おび》えてしまうのもね、物事を感性で受け止められないからだと思う。

感性って、目に見えないものを感じることなの。だから感性が失われると、見えないものに恐れおののくようになる。で、見えるものばかりにしがみつくから、死のような目に見えないものが怖くてしかたなくなるわけですよ。

だからね、無性に死が怖いと思ったなら、目に見えないもの、そこに漂う空気でも雰囲気でもいい、そういうものを心で感じ取るということをしてみるといい

と思います。空想でも夢想でもいいから、感覚を研ぎ澄ましてみるんです。

そうするとね、おもしろいものと出会ったりすることもあるの。

前にもちょっと話しましたけど、私、普通には見えないものを見ることがあるんです。「霊感が強いのね」って言われたこともありますけど、霊感というより感性のなせる技だと思う。

ある雑誌の取材で、富山県の城端《じょうはな》というところを訪れた時のことです。城端は泉鏡花の「龍潭譚《りゅうたんだん》」という作品の舞台となった地で、作品世界さながらの、幽玄な趣を感じさせる場所があるんです。

真っ赤なつつじが咲いている道があって、山の方へ歩くと集落を見下ろせるところがあって。当日は雨が降ってて下は見えなかったんですけど、本当に不思議なことが起こりそうな、そんな雰囲気のところだったの。

そうしたらね、その夜、本当に不思議なことがあったんです。

泊まったのは城端にある有名な宿だったんだけど、宿の前は稲田で、その向こうに小高い丘があって、その上に神社のようなものがあって。「あれは神社かな」って思いながら、戸締りをして寝床に就いたの。

すると深夜にふと目が覚めてね、誰かに見られているような気がして枕元を見たら、狐《きつね》がいたのよ。生きている狐じゃなく、神社に祀《まつ》られている木彫りの狐。「何で狐？」と思って電気をつけたら消えちゃいましてね。「どこから来たんだろう？」と考えているうちに、向こうにある小高い丘の神社のことを思い出して。「ああ、きっとあそこから来たのかな」と思ったの。そこでもう一度戸締りを見に行ったら、お風呂場の窓が稲田に向かって開いていたのよ。

でね、翌朝、宿のご主人に「昨晩狐が出ました」って言ったら、「ああ、出ましたか」って。全然不思議がらないのよね。「そうでしょうね」って感じで。世間では摩訶不思議な出来事でも、ここでは当たり前のことなのよね。

こういう体験をすると、世の中目に見えるものだけじゃないってよくわかる。常識では考えられないような現象が、私たちの周囲にはいくらでもある。

死もそういうものの一つだと思うと、そう怖がらなくたっていいんだって気になりますよ。

要は頭で理解できないものを、そういう世界を感覚として受け入れられるということ。生死という境界を素直に受け入れる感性が大事だってことなんです。

施設に入ることは、「老いに囲まれる」こと

――高齢になるとデイサービスに通ったり老人ホームに入ったり、介護施設のお世話になります。転ばぬ先の杖《つえ》として、積極的に行くべきですか?

一人暮らしの母親がデイサービスに行きたがらない。でも一人でいると認知症が進むから、子どもとしてはどうしても行かせたい。どうしたらいいでしょうかって、相談されたことがあります。

私、即答しました。行かせなきゃいいじゃないって。

だって、行きたがらないっていうからには、何かしら行きたくない理由があるわけでしょ? 本人が嫌がるものを無理に行かせる必要なんてない。行きたくないという当人の気持ちを尊重すべきですよ。

「コミュニケーションがないと認知症が心配」っていうなら、訪問介護で家に来

てもらうようにしたっていいじゃない。うちの近所でもそうしてる人、結構見かけますよ。

私がお母さんの立場でも、絶対に行かないと思う。このお母さん、「デイサービスに行くと老いに囲まれる気がして不安になる」っておっしゃったそうなんだけど、その気持ち、よくわかる。本当にその通りだと思います。

老いに囲まれると思うと、身も心もますます老いてくるの。そんな環境に親を放り込むなんて、こんな可哀想《かわいそう》なことありませんよ。

じつをいうと、私も身に覚えがあるの。連れ合いの、亡くなった母のことなんですけどね。

連れ合いの母は百歳まで生きたんですけど、最後の方は体が不自由だったもんだから、施設に入ってもらったの。私も連れ合いも働いてましたから、その方が安心だし母にとってもいいかなと思って。

で、時間を作っては母に会いに行くようにしたの。連れ合いなんて本当にしょっちゅう通ってた。お母さんが大好きな人ですからね。私もお母さんが好きだったから、二人してよく母の施設に足を運んでました。

でもね、どういうわけか施設に行って帰ると、ものすごく疲れるの。建物を出た途端、重たいものがずっしり背中にのしかかって離れないのよ。おんぶオバケが覆いかぶさったのかと思うくらい体が重たくて。

「いったいこれは何？」って考えてみたら、おそらくその施設の、老人ばかりという環境のせい。その施設が悪いというんじゃない。介護施設と呼ばれるところは、多かれ少なかれどこもそういう空気があるんじゃないかしら。

連れ合いの母の施設はね、まだいい方だったと思う。人も設備もしっかり整っている方だったと思うけれど、たまに行く私でさえこれだけ重たい空気を感じるんだから、入っている本人はなおのこと感じていたに違いないわよね。

だから、母には申し訳ないことをしたと思ってる。当時は訪問介護サービスというものも整ってなかったから、選択肢はなかったんですけどね。

こういう反省があるから、あえて言うんです。施設に入るっていうのは、老いに囲まれることで、老人しかいないということは、老いが百倍にもなってのしかかってくるってことなんです。

「十把一絡げ」の扱いに身をまかせるくらいなら、野垂れ死にする方がマシ

――「老いては子に従え」といいます。介護される立場になったら、自分の考えより周囲のやり方に従うべきでしょうか？

連れ合いの母はね、とても綺麗《きれい》で、おしゃれな人でした。

連れ合いもそういう母が好きだったんでしょうね。入所してからも喜んで母におしゃれをさせてました。少女におしゃれをさせるのかっていうくらい、セーターとかアクセサリーとか、いろんなものを施設に持って行ってね。

当人も、体が不自由になってもおしゃれすると嬉《うれ》しそうでしたしね。連れ合いは最後まで、綺麗な色の、母に似合いそうなものを一生懸命選んで買ってました。

彼のそういうところ、私はすごくいいなと思って見てました。

でもね、そうやっておしゃれすると、いろいろ言ってくる人がいたらしいの。「なんでこんなところでおしゃれするんだ」って、嫌味を言ってくるんですって。

そういうこともあって、母はあまり施設を好きになれなかったのね。スタッフの方たちはともかく、入所者の中には気の合わない人もいる。施設に入ると、そういう人たちとも顔を合わせないわけにはいきませんからね。

おまけに施設ではお絵描きをさせられたり、童謡みたいな歌を歌ったりさせられるでしょ？　母はそういうのもすごく嫌がってた。「どうして子ども扱いされなきゃいけないの」って、絶対に参加しようとしませんでした。

まあ、そういうのをやらせるのも何らかの考えがあってのことでしょうし、人によっては楽しいって人もいるかもしれませんけど、お遊戯をしながら老人同士仲良くなるって、私も考えられない。

だって、この年まで生きてきて、何で集団で歌を歌ったりお絵描きしなきゃいけないの？　私はそんなふうに年を重ねていない。バカにしないでよって思っちゃう。人にはそれぞれの生き方がある。その人なりに一生懸命生きてきた歴史があるんです。本当はその生き方を尊重して、個人個人にあった介護をしないといけないんじゃないかと思うんです。

でも、今の施設のやり方は逆。十把一絡げで同じように介護しようとする。そんな扱いに身をまかせるくらいなら、野垂れ死にする方がよっぽどマシですよ。

私もね、以前は思ってたの。年をとったら施設に入るのがいいって。それが一番気楽でいいって思ってました。

でも、それは浅はかだった。施設の何たるかがわかっていなかったわね。人手不足、お金不足で、どうしても皆同じように管理する方が効率的になる。

今の日本の施設は、私のような、不良な生き方をしたい人間には合ってない。実際に施設を見て、施設の人の話を聞いたりした結論として、現実に入りたい施設はほとんどないって気づいたんです。

豪華なところに入れば違うんじゃないかと思うかもしれないけれど、そうともいえないわね。お金をいくら積んでも、老いに囲まれることに変わりはないし、十把一絡げに扱われるのは一緒じゃないかしら。

だから、私は動けるうちは自宅で暮らします。動けなくなって、どうにもしょうがなくなった時に考えればいい。そう思っています。

どんな死に様でも、その人らしくあればそれでいい

——家族に看取《みと》られて死にたい人がいる一方で、孤独死する人がたくさんいます。安楽死を望む人もいます。人間どうやって死んでいくのが一番なのでしょうか？

安楽死、最近話題になってますよね。

私はあまり関心ありませんけど、死に方や死に時を選びたいという気持ちはよくわかる。中には西部邁《にしべすすむ》さんや江藤淳《えとうじゅん》さんのように自殺してしまう人もいますけど、年をとったらそういう気になるのも致し方ないんじゃないでしょうか。

自殺が一般的に「よくないもの」と言われるのはわかりますよ。でも、本人が選んだことなら、それはそれでいいと思う。だって本人がそうしたいと思うなら、

止めようがないじゃありませんか。

そりゃ、人を巻き込むのはどうかと思います。それは問題だと思いますけど、自分らしく死にたいと思った結果が自殺だったというのは、私はよくわかるし、それを責める気にはとてもなれません。

西部さんなんかの死は、ある意味彼らしいという気もしますもの。不謹慎かもしれないけれど、私はああいう死に方にとても興味を覚えます。バカな死に方をしたという人もいるでしょうけど、そんなことない。自分らしさを貫いて、素晴らしい人生を送ったんだって心底思います。そもそも作家っていうのは自殺する人が多いじゃない。芥川だって太宰《だざい》だって三島《みしま》だって、川端《かわばた》だってそうでしょ。「自殺なんてあまりにもさびしい最期だ」って多くの人がいうだろうけど、本人がそうじゃないならいいと思うの。ご家族はともかく、他人がとやかく言うもんじゃない。死に方くらい、その人らしくあっていいじゃありませんか。

よく「最期くらいいい死に方をしたい」とか「悔いを残さず笑って死にたい」とか言いますけど、私はそんなふうに思ったこと、一度もありません。笑いたい人は笑えばいいけど、笑って死ななくたっていいと思う。

笑えないなら笑えないなりに、悔いがあるならあるなりに、その人らしい最期になればそれでいい。棺を蓋《おお》う時に、一番自分らしくありたい。願うとしたら、ただそれだけですよ。

家族や親戚に見守られて死ぬのが幸せっていうのも、私にはありません。こういうふうに見送られたいとか、こういう葬式にしてほしいというのもありません。むしろたくさんの人に見守られて死ぬなんて冗談じゃないとさえ思います。

私、死ぬ時は一人がいいんです。

夕暮れ時に、深くなっていく闇の中で、すべてが闇に変わる瞬間にひょいと隣の世界に逝ければ一番いい。

孤独死というのも、別に悪いことじゃないじゃありませんか。誰にも看取られず、一週間後に腐乱して発見されるのが悪いことみたいに言われますけど、それはそれでしょうがないじゃない。

残された人に迷惑をかけてしまうかもしれないけれど、死んだ後のことに一喜一憂する必要なんてないんですよ。

わからないからこそ、「死のイメージ」を楽しく描く

――人間が死んでいく時って、どんな感じなのでしょうね。死というと、「眠るように逝きたい」とか「苦しんで死にたくない」とか、そういうことばかり考えてしまいます。

死んだ後のことはどうでもいいんですけど、死ぬ瞬間については、すごく考えます。かなり真剣に考えてます。

どういう瞬間に、どういうふうにして死にたいか。自分の死のイメージはね、すごくあるの。「こうやって逝きたい」という具体的なイメージが。だって、こういうこと考えるの、楽しいじゃありませんか。

何しろ最期なんですよ、人生の最期！　自分だけの、壮大な演出をしなきゃ。

さっきも言いましたけど、私が描いているイメージは夕暮れ時。私は夕暮れ時が好きだから、夕暮れ時に死にたい。「暁子」って名前だから、本当は暁（明け方）が好きなはずなんですけどね（笑）。

夕暮れ時っていうのは、暗闇になる前の、どこか薄明るい時間帯ね。空がほんのりと赤らんで、茜色《あかねいろ》になって、だんだん茄子紺《なすこん》に変わって、そこから闇に変わる瞬間が一番好き。だから、その瞬間に死にたい。死んでやろうって思ってるんです。

そりゃ、死というものが実際どういうものかはよくわかりませんよ。死んだことがないんだから、わかるはずないわよね。

でも、だからって自分の死のイメージを描けないなんて、そんなことありません。っていうか、自分の死のイメージが描けないなんて情けない、わからないからこそ、描いてみるの。

だって、人生の最期なんですよ。フィナーレですよ。自分にふさわしいフィナーレをどう飾るか、考えられないでどうするんです？

人生をね、自分が主役の、たった一人の舞台だと思ってみるの。

その舞台に今自分が立ってる。フィナーレを迎えてる。舞台の向こう側ではみんなが拍手してくれている。この一度きりの舞台をどう締めくくるか。想像するだけで楽しくなってくるじゃありませんか。

私は闇に変わる瞬間に死にたいと言いましたけど、実際夕暮れ時に「今闇に変わった！」っていう瞬間を見つけてやろうって、何度か試みたことがあるの。

家の窓からずっと外を見てみたり、海辺で水平線をじっと眺めてみたり。でも、何度やってみてもダメ。わからない。気づいた時には闇。闇っていうのは、あっという間に訪れているの。

おそらく死というのも、こういうものなんじゃないかしら。

夜眠る時もそう。「今眠った」ってわからないでしょ？　それもね、死ぬ瞬間と一緒だと思うんです。闇に変わる瞬間も、眠りに落ちる瞬間も、生きているうちはわからないけれど。

その瞬間に、私はこっちの世界から、闇のあちら側の世界に行く。他界する。

私の死のイメージは、こんな感じかしら。

人は生きてきたように死ぬ。そして望んだように死んでいく

——自分の思い描いた通りに死ねたら理想的です。でも、そううまくいくものですか？　その時の状況で変わってしまう気もするのですが。

うちの母ね、もう他界しましたけど、生前から常々「私は三月十八日に死ぬ」って言ってたの。

どうしてかっていうと、自分の母親が三月十八日に亡くなったから。私の母は福祉に生涯を捧《ささ》げた自分の母親をとても尊敬していたので、自分も母親と同じ日に死にたいと言っていたの。みんな「そううまくはいかないよ」って思ってたんですけどね。

そしたら、本当に三月十八日に死んだの。自分が死にたいと言っていた通りに

死んだのよ。脳梗塞で十日ほどで逝ってしまったんですけどね。もう見事というほかない、こりゃ参ったって思いましたよ。

でね、その時、気づいたんです。人は生きてきたように死ぬんだって。生きてきた形が、そのまま死の形になるの。つまり「こうやって死にたい」と強く望んで、そういう生き方をしていれば、本当にその通りに死ねる。生と死は一緒、つながってるんですよ。

母は三月十八日に死にたいと毎度毎度言っていた。だからそのように、三月十八日に死ぬように生きてきた。それがどういう生き方なのかは当人にしかわかりませんけど、そう思い続けたからうまく死ねたんだと思うの。

逆に言うと、母がそう思っていなかったら絶対に死ねない。「この日に死にたい」という思いがなければ、そうなりようがない。思いが生き方を作り、死に方につながっていくわけですよ。

だとするとね、何の思いもないしイメージも描けない人は、何だかよくわからないうちに死んでいく。目に見える現象しか信じられないという人は、その場の状況にあたふたと流されるように死ぬしかないんじゃないかという気がするの。

それがいいか悪いかはわかりませんよ。でも、少なくとも私ははっきりイメージを持って死にたい、母のようにうまく逝きたいって思いますよね。

だからね、もしも「家で死にたい」って思ったなら、とにかく心の中で強くそう願うことだと思います。「どうせダメだろう」なんて思わないで、「自分は自宅で、こんな感じで死ぬんだ」ってイメージを強く持つの。

私もね、自宅で死にたいと思ってます。本を読んでてもいいし、猫を抱いていてもいいし、音楽を聴いていてもいい。お気に入りの揺り椅子に座って、窓から夕暮れの空を見ながらあちら側へいく。

自分はそうやって死ぬんだと思うと、私、死ぬのが怖いどころかちょっと楽しみだなって思うんです。

死っていうと、怖いとか嫌だとか、どうしてもネガティブにとらえがちになりますけど、こうやってあれこれイメージしてみると、あながち悪くないなと思えてきませんか？　だって初体験なんですよ。

要は人生最期の瞬間を、どう演出するかってことなんです。生きることも死ぬことも、自分の人生を自分らしく演出するということ。
それができるかどうかも、不良の大事な条件だと思います。

命ある限り、とことん生き延びてやろう

——最近はあまり長生きしたくないという人も少なくありません。延命治療したくない人が多数派だといいます。延命治療について、どう思われますか？

長生きしたいとか早く死にたいとか、あまり考えたこともありません。人生百年時代と言いますけど、実際いつ死ぬかはわかりませんものね。ま、何歳まで生きたいというのもありませんから、死ぬ時死ねばいい、死ぬ時が死ぬ時だって思ってますけど。

ただ、仕事のことを考えると九十くらいまでは生きていたいかな。まだまだやりたい仕事があるのでね。

「死ぬまで仕事するなんて」ってみんな言うかもしれないけど、私はそれが当たり前だと思ってる。人間、生涯現役が当たり前。最期まで仕事をし続けて、ある

時ばったり死ぬのが一番なのよ。

というか、私は仕事が好きだから、ヒマになって死ぬのは嫌。やることがないなんて、こんな悲しいことはないもの。おかげさまで今のところやることがたくさんあるから、老いを感じているヒマもありません。

そもそも老いなんか感じるヒマがあったら、やるべきことをやった方がいいじゃない？　生きている限り、やれるだけのことをやりきる。それが人として自然なことのような気がするんですよ。

そう思うとね、延命治療というのも、もういっぺんきちんと考えてみるべきかなと思うの。「〇歳だからもう延命は必要ない」って、短絡的に生きることを放り出しちゃうのもどうなのかなと思うんですよ。

今、延命治療をしてほしくないという人が多いというでしょ？　私もね、その考えに近かったんだけど、まだ生きようとしている体を人工的にストップさせるのは、不自然なのかしらという気もしていてね。

実際、植物状態と言われた人にもちゃんと意識があって、周囲の人が何を話しているのかがわかっているという話もあるの。エイドリアン・オーウェンという人が書いた『生存する意識』（柴田裕之訳、二〇一八年、みすず書房）という本なんですけどね。

普通植物状態っていうと死んだも同然だと思うじゃない？　だけどその本によれば、死んだも同然に思える状態でも意識はしっかりとあって、奇跡的に意識を取り戻した人たちは、植物状態の時のことを覚えているというの。

こういうのを知ると、意識のない状態だから延命しなくていいとは思えなくなるわよね。あらゆる方法で、できる限り生かしてもらいたい。途中で殺してほしくない、殺してもらっちゃ困るって思ったりもするの。

もちろん、こればかりはケースバイケースだから正解があるはずもないんだけど、人間の思いや魂を信じている私とすれば、「植物状態になっても命ある限り生き延びてやろうじゃないの」って、そういう思いもあるのよね。

ま、いずれにしても人間、いつまでも生きているはずはありませんからね。最期が来れば死ぬわけですからね。

その時が来るまで、生きて生きて生き抜いてやる。

それが私らしい死に方かもしれないわね。

文庫版あとがき

文庫化するに当たって改題することにした。単行本の時は「不良という矜持」で、矜持という言葉を、私は好きなのだが一般的にわかりにくいという意見もあった。矜持すなわち誇りとかプライドという意味だが、最近はあまり使われなくなった。

言葉というのは不思議なもので、現実をそのままあらわしている。矜持という言葉が主に男性によって胸を張って使われた時代があった。その頃、例えば男達が輝いていた明治の頃は男達には誇りやプライドがあった。表立っては見えないが、男達に引きずられるようにして女達にとっても誇りが大切な価値であった。例えば「臈《ろう》たける」という言葉があって、それにふさわしい品と誇りのある女達がいた。今ほとんど使われない言葉になった原因は、実際に臈たけた女性がいなくなったからである。言葉は現実を映して創り出されるものだけに、現実にそういった人がいなくなれば言葉も死ぬ。言葉が生き返れば、現実も変わってくるかもしれないという思いをこめて矜持という言葉を使った。誇りやプライドが忘れ去られていると思えるのであえて矜持という言葉を使ったのだ。

「不良という矜持」には、何ものにも縛られず自由に誇り高く生きたいという私の願いがこめられていた。

しかし現実をふり返ってみると、プライドや誇り、いわば矜持といったものはますます忘れ去られていくようだ。そんな何の足しにもならない無駄なものなど持たずに、目に見えるものすなわち権力や金といったものに価値が置きかえられていっている気がする。

悲しいかな、矜持のある男や女がどんどん減っていく。その現実の中で、いかに自分が生きていくか。未来が長い若者ではなく、人生の締切りが目の前に見えてきた私の年代、どうやって不良を保っていくか、余分なものに縛られず、のびのびと生き生きと残りの人生を自由にはばたくことができるか。

現在の私は実年齢が五月に八十六歳になったところである。本来ならば「86歳まだまだ不良」とするのが正しいのだが、私は偶数があまり好きでなく、3とか5とかの奇数が好きなので「85歳まだまだ不良」という題になった。決して一歳サバを読んだわけではない。85歳の部分をどう入れ換えていただいてもいい。御自分の現在の実年齢をそこに入れて読んでみていただきたい。「80歳まだまだ不良」でも「91歳まだまだ不良」でも「100歳まだまだ不良」でもいい。

そういえば「99歳まだまだ不良」というタイトルにぴったりの方が昨年十一月に亡くなった、瀬戸内寂聴《せとうちじゃくちょう》さんである。

先日お別れの会が行われて、私も参加したが、正面の赤紫色の法衣《ほうえ》に身を包んだこの上なく晴れやかな笑顔の寂聴さんは、この世の全てから解き放たれて自由で楽しそうであり、参加者はピンクや黄など優しい色のカーネーションを献花した。

「99歳まだまだ不良」ではなく、「99歳今こそ不良」といった寂聴さんには、羨望と嫉妬すら感じた。それに引きかえ、参加者の多くは黒やらグレーやらの暗い色を身にまとい、不良というにふさわしい人は見当たらず、この世の掟やらしきたりに縛られて、不良になり切れていない。なんとつまらない。この機会に私は寂聴さんの爪の垢でもいただいて帰りたかった。

私も他の人に比べれば、かつて「不良老年のすすめ」を書いた六十代の頃から不良である。他から管理されることを拒み最後まで自由に生きたい。その希望を叶えるために、若い時から経済的自立と精神的自立を二本柱にして、なんとか今までやってきた。一歩一歩積み重ねてようやく先が見えかけてきて、なんとか不良のままで終わりまで行けそうである。

「人は生きてきたようにしか死なない」、生き方は死に方、死に方は生き方である。寂聴さんの全てのこだわりを脱した明るい笑顔にはげまされて、「85歳まだまだ不良」と改題してよかったと思っている。〝さあこれからも不良で行くぞ！〟と決心したところに困ったことが起きた。コロナの爆発的第七波の襲来！である。

「それがどうした、なんぼのもんじゃ」

こんな時こそ、他人と会えなくても、一人で不良であり続けられるかどうかが試されているのだ。

二〇二二年夏　　下重暁子

本書は、二〇一九年十月、自由国民社より刊行された『不良という矜持』を文庫化にあたり、『85歳まだまだ不良　媚びず群れない』と改題したものです。

編集協力／藤原千尋
編集協力／岩下賢作

下重暁子の本

鋼《はがね》の女《ひと》

最後の瞽女《ごぜ》・小林ハル

人間国宝のハルは、生後まもなく失明し、5歳で瞽女に弟子入り、三味線ひとつで唄を披露して歩いた旅芸人。光なき世界で極めた芸と凜烈な生涯を克明に描くノンフィクション。

下重暁子の本

不良老年のすすめ

自分を縛るものからやっと逃れた老年期。権力や名声ではなく、今こそ、粋でカッコよく、恋もしたい。人生の最後の生き方の極意は何にもとらわれない不良になることだ！　明るい老いへの提言。

集英社文庫

下重暁子の本

老いの戒め

老年期を迎えたら、自分を戒めつつ、自然体にゆったり大きくかまえる。そして、年とともに器量よしの老人になろう。今日から役立つ43の提案。生を謳歌するための人生最後の生き方を瑞々しく綴る。

集英社文庫

集英社文庫　目録（日本文学）

集英社文庫　目録（日本文学）

神埜明美　相棒はドM刑事《デカ》3 ～横浜誘拐紀行～
真保裕一　ボーダーライン
真保裕一　誘拐の果実(上)(下)
真保裕一　エーゲ海の頂に立つ
真保裕一　猫背の虎 大江戸動乱始末
真保裕一　ダブル・フォールト
真保裕一　脇坂副署長の長い一日
周防柳　八月の青い蝶
周防柳　逢坂の六人
周防柳　虹
周防柳　高天原――厩戸皇子の神話
周防正行　シコふんじゃった。
杉本苑子　春日局
杉森久英　天皇の料理番(上)(下)
杉山俊彦　競馬の終わり
鈴木遥　ミドリさんとカラクリ屋敷

鈴木美潮　昭和特撮文化概論 ヒーローたちの戦いは報われたか
瀬尾まいこ　おしまいのデート
瀬尾まいこ　春、戻る
瀬尾まいこ　ファミリーデイズ
瀬川貴次　波に舞ふ舞ふ 平清盛
瀬川貴次　ばけもの好む中将 平安不思議めぐり
瀬川貴次　闇に歌えば 文化庁特殊文化財課事件ファイル
瀬川貴次　ばけもの好む中将 弐 姑獲鳥《うぶめ》と牛鬼
瀬川貴次　ばけもの好む中将 参 天狗の神隠し
瀬川貴次　ばけもの好む中将 四 踊る大菩薩寺院
瀬川貴次　暗夜鬼譚 春宵白梅花《しゅんしょうはくばいか》
瀬川貴次　ばけもの好む中将 伍 冬の牡丹燈籠
瀬川貴次　暗夜鬼譚 遊行天女《ゆぎょうてんにょ》
瀬川貴次　ばけもの好む中将 六 美しき獣たち
瀬川貴次　暗夜鬼譚 夜叉姫恋変化《やしゃひめこいへんげ》
瀬川貴次　ばけもの好む中将 七 花鎮めの舞

瀬川貴次　暗夜鬼譚 血染雪乱《ちぞめゆきみだれ》
瀬川貴次　ばけもの好む中将 八 恋する舞台
瀬川貴次　暗夜鬼譚 紫花玉響《むらさきたまゆら》
瀬川貴次　ばけもの好む中将 九 真夏の夜の夢まぼろし
瀬川貴次　暗夜鬼譚 五月雨幻燈《さみだれげんとう》
瀬川貴次　ばけもの好む中将 十 因果はめぐる
瀬川貴次　暗夜鬼譚 空蝉挽歌《うつせみばんか》〈前〉〈中〉〈後〉
瀬川貴次　ばけもの好む中将 十一 秋草尽くし
瀬川貴次　暗夜鬼譚 狐火恋慕《きつねびれんぼ》
関川夏央　石ころだって役に立つ
関川夏央　「世界」とはいやなものである 東アジア現代史の旅
関川夏央　現代短歌そのこころみ
関川夏央　女流 林芙美子と有吉佐和子
関川夏央　おじさんはなぜ時代小説が好きか
関口尚　プリズムの夏
関口尚　君に舞い降りる白

集英社文庫　目録（日本文学）

関口尚　空をつかむまで
関口尚　ナツイロ
関口尚　はとの神様
関口尚　明星に歌え
関口尚　虹の音色が聞こえたら
瀬戸内寂聴　私小説
瀬戸内寂聴　女人源氏物語 全5巻
瀬戸内寂聴　あきらめない人生
瀬戸内寂聴　愛のまわりに
瀬戸内寂聴　寂聴 生きる知恵 法句経を読む
瀬戸内寂聴　一筋の道
瀬戸内寂聴　寂庵浄福
瀬戸内寂聴　寂聴巡礼
瀬戸内寂聴　晴美と寂聴のすべて1（一九二二～一九七五年）
瀬戸内寂聴　晴美と寂聴のすべて2（一九七六～一九九八年）
瀬戸内寂聴　わたしの源氏物語

瀬戸内寂聴　寂聴源氏塾
瀬戸内寂聴　寂聴仏教塾
瀬戸内寂聴　まだもっと、もっと 晴美と寂聴のすべて・続
瀬戸内寂聴　わたしの蜻蛉日記
瀬戸内寂聴　寂聴辻説法
瀬戸内寂聴　ひとりでも生きられる
瀬戸内寂聴　求愛
瀬戸内寂聴 美輪明宏　ぴんぽんぱん ふたり話
曽野綾子　アラブのこころ
曽野綾子　人びとの中の私
曽野綾子　辛うじて「私」である日々
曽野綾子　狂王ヘロデ
曽野綾子　観月観世 或る世紀末の物語
平安寿子　恋愛嫌い
平安寿子　風に顔をあげて
平安寿子　幸せ嫌い

高倉健　あなたに褒《ほ》められたくて
高倉健　南極のペンギン
高嶋哲夫　トルーマン・レター
高嶋哲夫　M8 エムエイト
高嶋哲夫　TSUNAMI 津波
高嶋哲夫　原発クライシス
高嶋哲夫　東京大洪水
高嶋哲夫　震災キャラバン
高嶋哲夫　いじめへの反旗
高嶋哲夫　沖縄コンフィデンシャル 交錯捜査
高嶋哲夫　沖縄コンフィデンシャル ブルードラゴン
高嶋哲夫　富士山噴火
高嶋哲夫　沖縄コンフィデンシャル 楽園の涙
高嶋哲夫　沖縄コンフィデンシャル レキオスの生きる道
高嶋哲夫　バクテリア・ハザード
高杉良　管理職降格

集英社文庫

85歳《さい》まだまだ不良《ふりょう》 媚《こ》びず群《む》れない

2022年11月25日 第1刷　　定価はカバーに表示してあります。

著 者 下重暁子《しもじゅうあきこ》

発行者 樋口尚也

発行所 株式会社 集英社

東京都千代田区一ツ橋2-5-10 〒101-8050

電話 【編集部】03-3230-6095

【読者係】03-3230-6080

【販売部】03-3230-6393(書店専用)

印 刷 大日本印刷株式会社

製 本 ナショナル製本協同組合

フォーマットデザイン アリヤマデザインストア　　マークデザイン 居山浩二

ISBN978-4-08-744452-0 C0195